大方廣佛華嚴經第三十八卷 終

大方廣佛華嚴經

일러두기

1. 『대방광불화엄경 강설』 원문原文의 저본底本은 근세에 교정이 가장 잘 되었다고 정평이 나 있는 대만臺灣의 불타교육기금회佛陀教育基金會에서 출판한 『화엄경소초華嚴經疏鈔』본입니다.

2. 『대방광불화엄경 강설』은 실차난타實叉難陀가 695년부터 699년까지 4년에 걸쳐 번역해 낸 80권본卷本 『대방광불화엄경』을 우리말로 옮기고 강설을 붙인 것입니다.

3. 『대방광불화엄경』은 애초 산스크리트에서 한역漢譯된 경전이지만 현재 산스크리트본은 소실된 상태입니다. 산스크리트를 음차한 경우 굳이 원래 소리를 표기하려고 하기보다는 『표준국어대사전』이나 『불교사전』 등에 등재된 한자음을 사용하는 것을 원칙으로 하였습니다.

4. 경문의 한글 번역은 동국역경원본을 참고하여 그대로 또는 첨삭을 하며 의미대로 번역하고 다듬었습니다.

5. 각 품마다 내용에 따라 단락을 나누고 제목을 달았습니다. 단락의 제목은 주로 청량淸凉스님의 견해에 기초하였고 이통현李通玄장자의 견해를 참고로 하였습니다.

6. 『대방광불화엄경 강설』의 발행 순서는 한역 경전의 편재 순서를 기준으로 하였고 각 권은 단행본 한 권씩으로 출간될 예정이며 모두 80권으로 완간됩니다. 다만 80권본에 빠져 있는 「보현행원품」은 80권본 완역 및 강설 후 시리즈에 포함돼 추가될 예정입니다.

7. 『대방광불화엄경 강설』 안에서 불교용어를 풀이한 것은 운허스님이 저술하고 동국역경원에서 편찬한 『불교사전』을 인용하였습니다.

8. 각주의 청량스님의 소疏는 대만에서 입력한 大方廣佛華嚴經 사이트의 것을 사용하였습니다.

9. 『대방광불화엄경 강설』 입법계품에 들어가는 문수지남도는 북송北宋시대 불국佛國선사가 선재동자가 53명의 선지식을 친견하여 법을 구하는 장면을 하나하나 그림으로 그린 것입니다.

대방광불화엄경 강설
제 78 권

三十九. 입법계품入法界品 19

실차난타實叉難陀 한역
무비스님 강설

서문

보리심菩提心은 문과 같으니
모든 보살의 행을 열어 보이는 연고입니다.
보리심은 궁전과 같으니
삼매의 법에 편안히 있어 닦게 하는 연고입니다.
보리심은 공원과 같으니
그 안에서 유희하면서 법의 즐거움을 받는 연고입니다.

보리심은 집과 같으니
일체 모든 중생을 편안하게 하는 연고입니다.
보리심은 돌아갈 데가 되나니
일체 모든 세간을 이익하게 하는 연고입니다.
보리심은 의지할 데가 되나니
모든 보살의 행이 의지한 곳인 연고입니다.

보리심은 자비하신 아버지와 같으니

일체 모든 보살을 훈계하여 지도하는 연고입니다.

보리심은 인자한 어머니와 같으니

일체 모든 보살을 낳아 기르는 연고입니다.

보리심은 유모와 같으니

일체 모든 보살을 양육하는 연고입니다.

보리심은 착한 벗과 같으니

일체 모든 보살을 성취하여 이익하게 하는 연고입니다.

보리심은 국왕과 같으니

일체 이승二乘 사람들보다 뛰어나는 연고입니다.

보리심은 제왕과 같으니

모든 원願에서 자유자재한 연고입니다.

보리심은 큰 바다와 같으니

모든 공덕이 다 그 가운데 들어가는 연고입니다.

보리심은 수미산과 같으니

모든 중생들에게 마음이 평등한 연고입니다.

보리심은 철위산과 같으니

일체 모든 세간을 거두어 가진 연고입니다.

보리심은 설산과 같으니

모든 지혜의 약풀을 자라게 하는 연고입니다.

보리심은 향산香山과 같으니

모든 공덕의 향을 내는 연고입니다.

보리심은 허공과 같으니

묘한 공덕이 넓어서 그지없는 연고입니다.

보리심은 연꽃과 같으니

모든 세간의 법에 물들지 않는 연고입니다.

2018년 1월 1일

신라 화엄종찰 금정산 범어사

如天 無比

대방광불화엄경 목차

대방광불화엄경 강설 제78권

三十九. 입법계품入法界品 19

11

대방광불화엄경 강설

제78권

三十九. 입법계품 19

52. 미륵보살 彌勒菩薩

섭덕성인상攝德成因相 선지식

3) 미륵보살에게 보살의 행을 묻다

(1) 미륵보살에게 법을 묻고 찬탄하다

이시 선재동자 합장공경 중백미륵보
爾時에 **善財童子**가 **合掌恭敬**하야 **重白彌勒菩**

살마하살언 대성 아이선발아뇩다라삼막
薩摩訶薩言호대 **大聖**하 **我已先發阿耨多羅三藐**

삼보리심 이아미지보살 운하학보살행
三菩提心호니 **而我未知菩薩**이 **云何學菩薩行**이며

운하수보살도
云何修菩薩道리잇고

　그때에 선재동자는 합장하고 공경하여 미륵보살마하
살께 다시 말하였습니다. "큰 성인이시여, 저는 이미 아

뇩다라삼먁삼보리심을 내었으나 아직은 보살이 어떻게 보살의 행을 배우며 어떻게 보살의 도를 닦는지를 알지 못합니다."

어떤 선지식을 친견하든 선재동자가 묻는 말은 언제나 보살행이며 보살도이다. 미륵보살에게 이르렀어도 자신은 이미 보리심을 발했으나 보살행과 보살도를 더 잘 알고 더 잘 닦고 싶다는 것이다. 그리고 보면 불교의 처음은 보살행 이며 그 끝도 보살행이라는 것이다.

大聖하 一切如來가 授尊者記하사대 一生에 當得

阿耨多羅三藐三菩提라하시니 若一生에 當得無上

菩提인댄 則已超越一切菩薩所住處며

"큰 성인이시여, 모든 여래께서 거룩하신 이에게 수 기하시기를 '한 생에 아뇩다라삼먁삼보리를 얻으리라.'

라고 하셨다 합니다. 만약 한 생에 마땅히 위없는 보리를 얻는다 하면 이미 일체 보살의 머무는 곳을 초월한 것입니다."

선재동자는 먼저 보살행과 보살도에 대해서 묻고 나서 미륵보살의 수기를 받은 문제에 대해서 찬탄하였다. 모든 여래께서 미륵보살에게 수기하시기를 '한 생에 아뇩다라삼먁삼보리를 얻으리라.'라고 하셨다는 내용을 들고, 만약 그렇다면 이미 일체 보살의 머무는 곳을 초월하였으리라는 것을 찬탄하며, 그뿐만 아니라 그 외에도 여러 가지가 매우 뛰어난 경지에 이르렀다는 것을 하나하나 들어서 찬탄하는 내용이다.

則已出過一切菩薩離生位며 則已圓滿一切波
羅蜜이며 則已深入一切諸忍門이며 則已具足一

체 보 살 지   즉 이 유 희 일 체 해 탈 문
切菩薩地며 **則已遊戲一切解脫門**이며

"모든 보살의 생사를 여읜 지위를 이미 지났으며, 모든 바라밀다를 이미 원만히 하였으며, 모든 참는 문에 이미 깊이 들어갔으며, 모든 보살의 지위를 이미 구족하였으며, 모든 해탈문에서 이미 유희합니다."

즉 이 성 취 일 체 삼 매 법   즉 이 통 달 일 체 보 살
則已成就一切三昧法이며 **則已通達一切菩薩**

행   즉 이 증 득 일 체 다 라 니 변 재   즉 이 어 일 체
行이며 **則已證得一切陀羅尼辯才**며 **則已於一切**

보 살 자 재 중   이 득 자 재
菩薩自在中에 **而得自在**며

"모든 삼매의 법을 이미 성취하였으며, 모든 보살의 행을 이미 통달하였으며, 모든 다라니와 변재를 이미 증득하였으며, 모든 보살의 자재한 가운데서 이미 자재함을 얻었습니다."

즉이 적 집 일 체 보 살 조 도 법   즉이유희지혜
則已積集一切菩薩助道法_{이며} 則已遊戲智慧

방편   즉이출생대신통지   즉이성취일체학
方便_{이며} 則已出生大神通智_며 則已成就一切學

처   즉이원만일체묘행
處_며 則已圓滿一切妙行_{이며}

"모든 보살의 도를 돕는 법을 이미 쌓아 모았으며,
지혜와 방편에서 이미 유희하였으며, 큰 신통과 지혜를
이미 내었으며, 모든 배울 곳[學處]을 이미 성취하였으
며, 모든 묘한 행을 이미 원만히 하였습니다."

즉이만족일체대원   즉이영수일체불소기
則已滿足一切大願_{이며} 則已領受一切佛所記_며

즉이요지일체제승문   즉이감수일체여래소
則已了知一切諸乘門_{이며} 則已堪受一切如來所

호념   즉이능섭일체불보리
護念_{이며} 則已能攝一切佛菩提_며

"모든 큰 원을 이미 만족하였으며, 모든 부처님의 수
기를 이미 받았으며, 모든 승乘의 문을 이미 알았으며,

모든 여래의 보호하여 생각하심을 이미 받았으며, 모든 부처님의 보리를 이미 거두었습니다."

즉이능지일체불법장 즉이능지일체제불
則已能持一切佛法藏이며 **則已能持一切諸佛**

보살비밀장 즉이능어일체보살중중 위상
菩薩秘密藏이며 **則已能於一切菩薩衆中**에 **爲上**

수 즉이능위파번뇌마군대용장
首며 **則已能爲破煩惱魔軍大勇將**이며

"모든 부처님의 법장法藏을 이미 가졌으며, 모든 부처님과 보살의 비밀한 갈무리를 이미 가졌으며, 모든 보살 대중 가운데서 이미 상수上首가 되었으며, 번뇌의 마魔를 부수는 용맹한 장수가 이미 되었습니다."

즉이능작출생사광야대도사 즉이능작치
則已能作出生死曠野大導師며 **則已能作治**

제혹중병대의왕 즉이능어일체중생중 위
諸惑重病大醫王이며 **則已能於一切衆生中**에 **爲**

최승　　　즉이능어일체세주중　득자재
最勝이며 **則已能於一切世主中**에 **得自在**며

　"이미 생사生死의 벌판에서 벗어나는 큰 길잡이가 되
었으며, 이미 번뇌의 중병을 다스리는 큰 의사가 되었
으며, 이미 모든 중생 중에서 가장 훌륭하였으며, 이미
모든 세간의 주인 가운데서 자재함을 얻었습니다."

　　　즉이능어일체성인중　　최제일　　즉이능어
　則已能於一切聖人中에 **最第一**이며 **則已能於**

일체성문독각중　　최증상　　즉이능어생사해
一切聲聞獨覺中에 **最增上**이며 **則已能於生死海**

중　　위선사　즉이능포조복일체중생망
中에 **爲船師**며 **則已能布調伏一切衆生網**이며

　"이미 모든 성인聖人 가운데서 가장 제일이 되었으며,
이미 모든 성문과 독각 중에 가장 높아졌으며, 이미 생
사의 바다에서 뱃사공이 되었으며, 이미 모든 중생을
조복하는 그물을 펼쳤습니다."

즉이능관일체중생근　즉이능섭일체중생

則已能觀一切衆生根이며 **則已能攝一切衆生**

계　즉이능수호일체보살중　즉이능담의일

界며 **則已能守護一切菩薩衆**이며 **則已能談議一**

체보살사　즉이능왕예일체여래소

切菩薩事며 **則已能往詣一切如來所**며

"이미 모든 중생의 근성을 능히 관찰하였으며, 이미 모든 중생세계를 거두어 주었으며, 이미 모든 보살 대중을 수호하였으며, 이미 모든 보살의 일을 의논하였으며, 이미 모든 여래가 계신 데 나아갔습니다."

즉이능주지일체여래회　즉이능현신일체

則已能住止一切如來會며 **則已能現身一切**

중생전　즉이능어일체세법　무소염　즉이

衆生前이며 **則已能於一切世法**에 **無所染**이며 **則已**

능초월일체마경계　즉이능안주일체불경계

能超越一切魔境界며 **則已能安住一切佛境界**며

"이미 모든 여래의 모임에 머물렀으며, 이미 모든 중생의 앞에 몸을 나타내었으며, 이미 모든 세상법에 물들 것이 없었으며, 이미 모든 마魔의 경계를 초월하였으며, 이미 모든 부처님의 경계에 머물렀습니다."

즉이능도일체보살무애경 즉이능정근공
則已能到一切菩薩無礙境이며 則已能精勤供

양일체불 즉이여일체제불법 동체성
養一切佛이며 則已與一切諸佛法으로 同體性이며

이계묘법증 이수불관정 이주일체지 이
已繫妙法繒이며 已受佛灌頂이며 已住一切智며 已

능보생일체불법 이능속천일체지위
能普生一切佛法이며 已能速踐一切智位이니다

"이미 모든 보살의 걸림 없는 경지에 이르렀으며, 이미 모든 부처님께 부지런히 공양하였으며, 이미 모든 부처님의 법으로 성품이 같았으며, 이미 묘한 법의 비단을 매었으며, 이미 부처님께서 정수리에 물을 부어 주심을 받았으며, 이미 일체 지혜에 머물렀으며, 이미 모든 부처님 법을 널리 출생하였으며, 이미 일체 지혜의 지위에 빨리 나아간 것입니다."

선재동자의 찬탄을 통해 미륵보살의 수행의 경지가 어떠한가를 낱낱이 자세하게 밝혔다. 미륵보살은 불법 수행으로써 이를 데까지 이미 이르렀으며, 나아갈 데까지 이미 나아간 것임을 짐작하게 한다.

(2) 보살의 도를 다시 묻다

대성 보살 운하학보살행 운하수보살
大聖하 **菩薩**이 **云何學菩薩行**하며 **云何修菩薩**

도 수소수학 질득구족일체불법 실
道하야사 **隨所修學**하야 **疾得具足一切佛法**하며 **悉**

능도탈소념중생 보능성만소발대원
能度脫所念衆生하며 **普能成滿所發大願**하며

"큰 성인이시여, 보살이 어떻게 보살의 행을 배우며 어떻게 보살의 도를 닦아야, 닦고 배움을 따라서 모든 부처님 법을 빨리 구족하며, 염려하는 중생들을 다 능히 제도하며, 세운 바 큰 서원을 두루 능히 성취하며,

보능 구경 소기 제 행　　　보능 안 위 일 체 천 인
普能究竟所起諸行하며 **普能安慰一切天人**하며

불 부 자 신　　부 단 삼 보　　불 허 일 체 불 보 살 종
不負自身하며 **不斷三寶**하며 **不虛一切佛菩薩種**하며

능 지 일 체 제 불 법 안　　　여 시 등 사　　원 개 위 설
能持一切諸佛法眼이리잇고 **如是等事**를 **願皆爲說**

하소서

일으킨 바 모든 행行을 두루 끝내며, 모든 하늘과 사람을 널리 위로하며, 제 몸을 저버리지 않으며, 삼보를 끊어지지 않게 하며, 모든 부처님과 보살의 종성을 헛되지 않게 하며, 일체 모든 부처님의 법의 눈을 가질 수 있습니까? 이와 같은 등의 일을 원컨대 모두 말씀하여 주십시오."

선재동자는 보살행과 보살도에 대해서 거듭 물었다. 그리고 "보살행을 닦고 보살도를 배움으로써 또 어떻게 하면 모든 부처님 법을 빨리 구족하며, 염려하는 중생들을 다 능히 제도할 수 있는가?" 등의 일을 묻고 설해 주실 것을 청하였다.

4) 미륵보살이 선재동자를 찬탄하고 법을 설하다

(1) 선재동자의 덕을 바로 찬탄하다

1〉부지런히 선지식 찾음을 찬탄하다

이 시   미 륵 보 살 마 하 살   관 찰 일 체 도 량 중 회
爾時에 彌勒菩薩摩訶薩이 觀察一切道場衆會

지 시 선 재   이 작 시 언   제 인 자   여 등
하사 指示善財하고 而作是言하사대 諸仁者야 汝等이

견 차 장 자 자   금 어 아 소   문 보 살 행 제 공 덕 부
見此長者子가 今於我所에 問菩薩行諸功德不아

그때에 미륵보살마하살이 도량에 모인 대중을 살펴
보고 선재동자를 가리키면서 말하였습니다. "여러 어지
신 이들이여, 그대들은 이 장자의 아들이 지금 저에게
보살의 행과 모든 공덕을 묻는 것을 보십니까?"

제 인 자   차 장 자 자   용 맹 정 진   지 원 무 잡
諸仁者야 此長者子가 勇猛精進하야 志願無雜

심 심 견 고   항 불 퇴 전   구 승 희 망   여 구
하며 深心堅固하야 恒不退轉하며 具勝希望하야 如救

두연   무유염족   낙선지식   친근공양
頭然하야 無有厭足하며 樂善知識하야 親近供養하며

처처심구   승사청법
處處尋求하야 承事請法하나니라

"여러 어지신 이들이여, 이 장자의 아들은 용맹하게
정진하고, 뜻과 원이 혼잡하지 않으며, 깊은 마음이 견
고하여 항상 물러나지 않으며, 훌륭한 희망을 갖추어
머리에 불타는 것을 끄듯이 만족한 줄 모르며, 선지식
을 좋아하여 친근하고 공양하며, 곳곳마다 찾아다니면
서 받들어 섬기고 법을 구하였습니다."

제인자   차장자자   낭어복성   수문수교
諸仁者야 此長者子가 曩於福城에 受文殊教하고

전전남행   구선지식   경유일백일십선지
展轉南行하야 求善知識할새 經由一百一十善知

식이   연후이래지어아소   미증잠기일념피
識已한 然後而來至於我所호대 未曾暫起一念疲

해
懈니라

"여러 어지신 이들이여, 이 장자의 아들은 지난날 복성福城에서 문수보살의 가르침을 받고 점점 남쪽으로 오면서 선지식을 찾고, 일백일십 선지식을 만난 뒤에 저에게 왔는데 일찍이 잠깐도 게으른 생각을 내지 않았습니다."

미륵보살이 선재동자를 찬탄하고 법을 설하는데 먼저 선재동자의 덕을 바로 찬탄하고, 다음으로 선재동자가 부지런히 선지식을 찾아다닌 일에 대해 찬탄하였다. 선지식을 부지런히 찾아다닌다는 것은 부처님이나 보살이나 조사스님이나 큰스님이나 기타 사람의 선지식을 찾는 일만을 뜻하는 것은 아니다. 특히 말세에는 사람 선지식을 찾기보다는 화엄경과 같은 뛰어난 보살정신이 담겨 있는 대승경전을 선지식으로 생각하여 깊이 공부하는 일이 가장 수승한 선지식을 찾는 일이 될 것이다.

미륵보살은 일체 도량에 모인 대중을 살펴보고 선재동자를 지칭하면서 "여러 어지신 이들이여, 그대들은 이 장자의 아들이 지금 저에게 보살의 행과 모든 공덕을 묻는 것을 보십니까?"라고 하면서 선재동자에 대해서 설하고, 또 선재동자가 옛날 보리심을 발하여 복성이란 곳에서 문수보살을 만나 그의 가르침을 받아 점점 남쪽으로 선지식을 찾아 여기까지 오게 된 일을 찬탄하였다.

흔히 선지식의 수를 53분이라고 하지만 이름으로 나타나지 않은 분들까지 110분이라는 사실도 밝혔다. 또한 보리심이라는 그 마음이 담고 있는 깊고 깊은 의미에 대해서도 장황하게 법을 설하신다.

110분의 선지식이라는 데는 이설이 분분하다. 청량스님의 소疏에 의하면, "110선지식이란 예부터 많은 해석이 있다. 하나는 '이치는 응당 갖추고 있으나 다만 글이 탈루되었다.'라고 하였고, 현수賢首스님은 전후의 모든 선지식이 54분인데 나누어 보면 덕생동자와 유덕동녀가 두 사람이 되므로 55인이다. 각각 자신의 부분이 승진함이 있어서 110이다."[1]라고 하였다.

---

1) 言【一百一十善知識】者, 古有多釋 : 一云 '理應具有. 但文脫漏.' 賢首云 '前後諸友總五十四位. 分出德生有德為二, 則五十五人. 各有自分勝進, 故有一百一十.'

2〉법에 나아감이 광대함을 찬탄하다

제인자   차장자자   심위난유   취향대승
諸仁者야 **此長者子**가 **甚爲難有**라 **趣向大乘**하야

승어대혜   발대용맹   환대비갑   이대자
乘於大慧하며 **發大勇猛**하야 **擐大悲甲**하며 **以大慈**

심   구호중생   기대정진바라밀행
心으로 **救護衆生**하며 **起大精進波羅蜜行**하며

"여러 어지신 이들이여, 이 장자의 아들은 매우 희유
하니, 대승을 향하여 큰 지혜를 의지하고, 큰 용맹을 내
고, 크게 가엾이 여기는 갑옷을 입고, 크게 인자한 마음
으로 중생을 구호하며, 큰 정진바라밀다의 행을 일으키
었습니다."

작대상주   호제중생   위대법선   도제
作大商主하야 **護諸衆生**하며 **爲大法船**하야 **度諸**

유해   주어대도   집대법보   수제광대조
有海하며 **住於大道**하야 **集大法寶**하며 **修諸廣大助**

도지법   여시지인   난가득문   난가득견
道之法하나니 **如是之人**은 **難可得聞**이며 **難可得見**

난 득 친 근　　동 거 공 행
이며 **難得親近**하야 **同居共行**이니라

"큰 장사의 주인이 되어 모든 중생을 보호하며, 큰
법의 배가 되어 모든 존재의 바다를 건너며, 큰 도道에
있으면서 큰 법의 보배를 모으며, 넓고 크게 도를 돕
는 법을 닦습니다. 이와 같은 사람은 듣기도 어렵고,
보기도 어렵고, 친근하고 함께 있고 함께 행하기 어렵
습니다."

선재동자를 찬탄하는데 대승大乘, 대혜大慧, 대용맹大勇猛,
대비大悲, 대자大慈, 대정진바라밀행大精進波羅蜜行, 대상주大商
主, 대법선大法船, 대도大道, 대법보大法寶, 광대조도지법廣大助道
之法 등으로 표현하였다. 더 이상 무슨 말로 찬탄할 수 있겠
는가. 그러므로 이와 같은 사람은 듣기 어렵고, 보기 어렵
고, 친근하여 같이 머물고 같이 행하기 어렵다고 하였다.

하 이 고　　차 장 자 자　　발 심 구 호 일 체 중 생
何以故오 **此長者子**가 **發心救護一切衆生**하야

영 일 체 중 생　　　해 탈 제 고　　　초 제 악 취　　　이 제
令一切衆生으로 **解脫諸苦**하며 **超諸惡趣**하며 **離諸**

험 난　　　파 무 명 암　　　출 생 사 야
險難하며 **破無明暗**하며 **出生死野**하며

"왜냐하면 이 장자의 아들은 모든 중생을 구호하려
는 마음을 내어 일체 중생들로 하여금 모든 괴로움을
벗어나고, 모든 나쁜 길을 뛰어넘고, 모든 험난함을 여
의고, 무명의 어둠을 깨뜨리면서, 생사의 벌판에서 벗
어나게 합니다."

식 제 취 륜　　　도 마 경 계　　　불 착 세 법　　　출 욕
息諸趣輪하며 **度魔境界**하며 **不着世法**하며 **出欲**

어 니　　　단 탐 앙　　　해 견 박　　　괴 상 택　　　절 미 도
淤泥하며 **斷貪鞅**하며 **解見縛**하며 **壞想宅**하며 **絶迷道**

최 만 당　　　발 혹 전
하며 **摧慢幢**하며 **拔惑箭**하며

"여러 길에서 헤맴을 쉬고, 마魔의 경계를 건너가며,
세상 법에 집착하지 않고, 욕심의 수렁에서 헤어나게
하며, 탐욕의 굴레를 끊고, 소견의 속박을 풀며, 생각의

굴택을 헐고, 미혹의 길을 끊으며, 교만의 당기幢旗를 꺾고, 의혹의 화살을 뽑게 합니다."

철수개   열애망   멸무명   도유류   이
撒睡蓋하며 裂愛網하며 滅無明하며 度有流하며 離

첨환   정심구   단치혹   출생사
諂幻하며 淨心垢하며 斷癡惑하며 出生死일새니라

"수면의 번뇌를 벗기고, 애욕의 그물을 찢으며, 무명을 없애고, 생사生死의 강을 건너며, 아첨하는 환술을 여의고, 마음의 때를 깨끗이 하며, 어리석음의 의혹을 끊고, 생사에서 벗어나게 합니다."

제인자   차장자자   위피사류표골자   조
諸仁者야 此長者子가 爲被四流漂汨者하야 造

대법선   위피견니몰익자   입대법교   위
大法船하며 爲被見泥沒溺者하고 立大法橋하며 爲

피치암혼미자   연대지등
被癡暗昏迷者하야 然大智燈하며

"여러 어지신 이들이여, 이 장자의 아들은 네 강에 표류하는 이를 위하여 큰 법의 배를 만들고, 소견의 수렁에 빠진 이를 위하여 큰 법의 다리를 놓고, 어리석음의 캄캄한 밤에 헤매는 이를 위하여 큰 지혜 등불을 밝힙니다."

사류四流라는 네 강에 표류한다는 것은 사폭류四暴流이다. 폭류는 홍수가 나무와 가옥 따위를 떠내려 보내는 것처럼 선善을 떠내려 보내는 뜻으로 번뇌를 말한다. ① 욕폭류欲暴流는 욕계에서 일으키는 번뇌로서 중생은 이것 때문에 생사계에 바퀴 돌듯 한다. ② 유폭류有暴流는 색계와 무색계의 번뇌이다. ③ 견폭류見暴流는 3계의 견혹見惑 중에 4제諦마다 각각 그 아래에서 일어나는 신견身見과 변견邊見 등의 그릇된 견해이다. ④ 무명폭류無明暴流는 3계의 4제와 수도修道에서 일어나는 우치愚癡의 번뇌이다. 모두 15가지가 있다.

위 행 생 사 광 야 자　　　개 시 성 도　　　위 영 번 뇌
爲行生死曠野者하야　開示聖道하며　爲嬰煩惱

중병자　　　조화법약　　위조생노사고자　　　음
重病者하야 **調和法藥**하며 **爲遭生老死苦者**하야 **飮**

이감로　　　영기안은
以甘露하야 **令其安隱**하며

"생사의 벌판을 다니는 이들을 위하여 성스러운 길을 열어 보이고, 번뇌의 중병을 앓는 이를 위하여 법의 약을 만들고, 나고 늙고 죽음에 고통받는 이에게는 감로수를 먹여 그들로 하여금 편안하게 합니다."

　　　　위입탐에치화자　　　옥이정수　　　사득청량
　　　爲入貪恚癡火者하야 **沃以定水**하야 **使得淸凉**

　　　다우뇌자　　위유사안　　계유옥자　효회영
하며 **多憂惱者**는 **慰喩使安**하며 **繫有獄者**는 **曉誨令**

출　　　입견망자　　개이지검
出하며 **入見網者**는 **開以智劍**하며

"탐욕과 성냄과 어리석음의 불에 들어 있는 이에게는 선정의 물을 부어 서늘하게 하고, 근심 걱정이 많은 이는 위로하여 편안하게 하고, 존재의 옥에 갇힌 이는 깨우쳐서 나오게 하며, 소견의 그물에 걸린 이는 지혜의 검으로 벗겨 줍니다."

주계성자　시제탈문　　재험난자　도안은
住界城者는 示諸脱門하며 在險難者는 導安隱

처　구결적자　여무외법　　타악취자　수자
處하며 懼結賊者는 與無畏法하며 墮惡趣者는 授慈

비수　구해온자　시열반성
悲手하며 拘害蘊者는 示涅槃城하며

"십팔계十八界의 성성城에 있는 이에게는 해탈할 문을 보
여 주고, 험난한 데 있는 이는 편안한 곳으로 인도하고,
결박의 도둑을 무서워하는 이는 두려움 없는 법을 주
고, 나쁜 길에 떨어진 이는 자비한 손을 주고, 쌓임[蘊]
에 구속된 이는 열반의 성성城을 보여 줍니다."

계사소전　해이성도　　착어육처공취락자
界蛇所纏엔 解以聖道하며 着於六處空聚落者

이지혜광　인지영출　　주사제자　영입정
는 以智慧光으로 引之令出하며 住邪濟者는 令入正

제   근악우자   시기선우   낙범법자   회이
濟하며 近惡友者는 示其善友하며 樂凡法者는 誨以

성법   착생사자   영기취입일체지성
聖法하며 着生死者는 令其趣入一切智城하나니라

"네 가지 뱀[界蛇]에 감긴 이는 성인의 길로 풀어 주고, 여섯 군데 빈 마을에 집착한 이는 지혜의 빛으로 이끌어 내고, 삿된 제도[邪濟]에 머문 이는 바른 제도에 들게 하고, 나쁜 동무를 가까이하는 이는 선한 동무를 소개하고, 범부의 법을 좋아하는 이는 성인聖人의 법을 가르치고, 생사에 애착하는 이는 일체 지혜의 성城에 나아가게 합니다."

네 가지 뱀[界蛇]이란 지수화풍 사대를 말하고, 여섯 군데 빈 마을이란 색성향미촉법의 육진六塵을 말한다.

제인자   차장자자   항이차행   구호중생
諸仁者야 此長者子가 恒以此行으로 救護衆生

발보리심   미상휴식   구대승도   증무해
하며 發菩提心에 未嘗休息하며 求大乘道에 曾無懈

^권 ^{음 제 법 수} ^{불 생 염 족}
倦_{하며} **飮諸法水**_에 **不生厭足**_{하며}

"여러 어지신 이들이여, 이 장자의 아들은 항상 이런 행으로 중생을 구호하며, 보리심을 내고 쉬지 아니하며, 대승의 길을 구하여 게으르지 않으며, 법의 물을 마시기를 싫어하지 않습니다."

^{항 근 적 집 조 도 지 행} ^{상 락 청 정 일 체 법 문}
恒勤積集助道之行_{하며} **常樂淸淨一切法門**_{하며}

^{수 보 살 행} ^{불 사 정 진} ^{성 만 제 원 선 행 방 편}
修菩薩行_{하야} **不捨精進**_{하며} **成滿諸願善行方便**_{하며}

"도를 돕는 행을 항상 부지런히 쌓으며, 모든 법문을 깨끗하게 하기를 항상 좋아하며, 보살의 행을 닦기에 정진을 버리지 않으며, 여러 가지 서원을 만족하고 방편을 잘 행합니다."

^{견 선 지 식} ^{정 무 염 족} ^{사 선 지 식} ^{신 불 피}
見善知識_에 **情無厭足**_{하며} **事善知識**_에 **身不疲**

해　　　문 선 지 식　소 유 교 회　　상 락 순 행　　미 증
懈하며 **聞善知識**의 **所有教誨**에 **常樂順行**하야 **未曾**

위 역
違逆이니라

"선지식을 친견하는 데 마음이 싫어할 줄 모르며, 선
지식 섬기기에 몸이 고달픈 줄 모르며, 선지식의 가르
침을 듣고 항상 즐겁게 순종하여 행하되 잠시잠깐도 어
기지 아니합니다."

　　미륵보살은 여러 대중에게 선재동자가 법에 나아감이 광
대함을 찬탄하여 설명하였다. 칭찬할 만한 수행이 있는 사
람이라면 크게 칭찬하여 더욱 많은 사람들에게 알려야 한
다. 그것은 소위 말하는 상相을 내거나 자랑을 하는 것이 아
니라 널리 알림으로 다른 사람들에게 본보기를 보이는 것이
되고 가르침을 펴는 일이 되기 때문이다.

3〉 발심하고 나서 더욱 불법 닦음을 찬탄하다

제 인 자　약 유 중 생　능 발 아 뇩 다 라 삼 먁 삼 보
諸仁者야 若有衆生이 能發阿耨多羅三藐三菩

리 심　시 위 희 유　약 발 심 이　우 능 여 시 정 진
提心이면 是爲希有며 若發心已하고 又能如是精進

방 편　집 제 불 법　배 위 희 유
方便으로 集諸佛法하니 倍爲希有요

"여러 어지신 이들이여, 만약 중생이 능히 아뇩다라
삼먁삼보리심을 낸다면 그것은 희유한 일입니다. 만약
보리심을 내고 나서 또 능히 이와 같이 정진하는 방편
으로 모든 부처님의 법문을 모으니 갑절이나 희유한 일
입니다."

우 능 여 시 구 보 살 도　　우 능 여 시 정 보 살 행
又能如是求菩薩道하며 又能如是淨菩薩行하며

우 능 여 시 사 선 지 식　　우 능 여 시 여 구 두 연
又能如是事善知識하며 又能如是如救頭然하며

우 능 여 시 순 지 식 교
又能如是順知識敎하며

"또 능히 이와 같이 보살의 도를 구하고, 또 능히 이와 같이 보살의 행을 깨끗이 하고, 또 능히 이와 같이 선지식을 섬기고, 또 능히 이와 같이 머리에 불타는 것을 끄는 듯하고, 또 능히 이와 같이 선지식의 가르침을 수순합니다."

우 능 여 시 견 고 수 행　　　우 능 여 시 집 보 리 분
又能如是堅固修行하며 又能如是集菩提分하며

우 능 여 시 불 구 일 체 명 문 이 양　　　우 능 여 시 불 사
又能如是不求一切名聞利養하며 又能如是不捨

보 살 순 일 지 심
菩薩純一之心하며

"또 능히 이와 같이 견고하게 행을 닦고, 또 능히 이와 같이 보리의 부분법을 모으고, 또 능히 이와 같이 모든 명예와 이익을 구하지 않고, 또 능히 이와 같이 보살의 순일한 마음을 버리지 않습니다."

우 능 여 시 불 락 가 택　　　　불 착 욕 락　　　불 연 부
又能如是不樂家宅하며　**不着欲樂**하며　**不戀父**

모 친 척 지 식　　　　단 락 추 구 보 살 반 려　　　우 능 여
母親戚知識하고　**但樂追求菩薩伴侶**하며　**又能如**

시 불 고 신 명　　　　유 원 근 수 일 체 지 도　　　응 지 전
是不顧身命하고　**唯願勤修一切智道**하니　**應知展**

전 배 갱 난 득
轉倍更難得이니라

　"또 능히 이와 같이 집을 좋아하지 않고 욕락에 집착하지 않고 부모와 친척과 아는 이들을 생각하지 않고 다만 보살 벗들만을 구하며, 또 능히 이와 같이 몸과 목숨을 돌아보지 않고 다만 일체 지혜의 길을 부지런히 닦기만 원하니, 응당 이것은 점점 갑절이나 더 얻기 어려운 일인 줄을 알아야 합니다."

　보리심을 발하고 나서 다시 또 모든 부처님의 법을 수행하고, 정진하는 방편으로 모든 부처님의 법문을 모으고, 또 세속의 집을 좋아하지 않고 욕락에 집착하지 않고 부모와 친척과 아는 이들을 생각하지 않고 다만 보살 벗들만을 구

하며, 또 능히 몸과 목숨을 돌아보지 않고 다만 일체 지혜의 길을 부지런히 닦기만 원하니, 이 얼마나 어려운 일인가. 이와 같은 어려운 일을 선재동자는 처음에 문수보살을 친견함으로부터 미륵보살을 만나기까지 계속하여 왔다. 무엇으로 찬탄하더라도 지나치지 않을 것이다.

4) 다른 보살들과 비교하여 찬탄하다

諸仁者_야 餘諸菩薩_은 經於無量百千萬億那

由他劫_{하야사} 乃能滿足菩薩願行_{하며} 乃能親近諸

佛菩提_{어늘}

"여러 어지신 이들이여, 다른 보살들은 한량없는 백천만억 나유타 겁을 지내고 나서야 비로소 능히 보살의 원과 행을 만족하며, 능히 모든 부처님의 보리에 친근합니다."

차 장 자 자　　어 일 생 내　　즉 능 정 불 찰　　즉 능
此長者子는 **於一生內**에 **則能淨佛刹**하며 **則能**

화 중 생　　즉 능 이 지 혜　　심 입 법 계　　즉 능 성 취
化衆生하며 **則能以智慧**로 **深入法界**하며 **則能成就**

제 바 라 밀　　즉 능 증 광 일 체 제 행
諸波羅蜜하며 **則能增廣一切諸行**하며

"이 장자의 아들은 한평생 동안 능히 부처님 세계를 깨끗이 하고, 능히 중생을 교화하고, 능히 지혜로써 법계에 깊이 들어가고, 능히 모든 바라밀다를 성취하고, 능히 일체 모든 행을 넓히고,

즉 능 원 만 일 체 대 원　　즉 능 초 출 일 체 마 업
則能圓滿一切大願하며 **則能超出一切魔業**하며

즉 능 승 사 일 체 선 우　　즉 능 청 정 제 보 살 도　　즉
則能承事一切善友하며 **則能淸淨諸菩薩道**하며 **則**

능 구 족 보 현 제 행
能具足普賢諸行이로다

능히 모든 큰 서원을 원만하게 하고, 능히 모든 마의 업에서 벗어나고, 능히 모든 선지식을 섬기고, 능히 모

든 보살의 도를 청정히 하고, 능히 보현의 모든 행을 구
족하였습니다."

선재동자는 매우 특별하다. 다른 보살들은 한량없는 백
천만억 나유타 겁을 지낸 뒤에야 비로소 보살의 원과 행을
만족하게 하며, 모든 부처님의 보리에 친근하지만 선재동자
는 그렇지 않다. 단 일생에 그 모든 불법을 다 수행하여 마
쳤다. 즉 돈오돈수頓悟頓修라고나 할까. 실은 그 어떤 위대한
불법도 처음부터 자신의 진여생명 속에 다 갖춰져 있기 때문
에 가능한 일이다.

(2) 선재동자의 보리심을 바로 찬탄하다

1〉 보리심 발함을 찬탄하다

이 시　　미 륵 보 살 마 하 살　　여 시 칭 탄 선 재 동
爾時에　彌勒菩薩摩訶薩이　如是稱歎善財童

자　종 종 공 덕　　영 무 량 백 천 중 생　　발 보 리
子의　種種功德하사　令無量百千衆生으로　發菩提

심 이　　　고 선 재 언
心已하시고 告善財言하사대

그때에 미륵보살마하살이 이와 같이 선재동자의 여러 가지 공덕을 칭찬하여 한량없는 백천 중생으로 하여금 보리심을 발하게 하고 나서 선재동자에게 말하였습니다.

선 재 선 재　　　선 남 자　　여 위 요 익 일 체 세 간
善哉善哉라 善男子여 汝爲饒益一切世間하며

여 위 구 호 일 체 중 생　　　여 위 근 구 일 체 불 법 고
汝爲救護一切衆生하며 汝爲勤求一切佛法故로

발 아 뇩 다 라 삼 먁 삼 보 리 심
發阿耨多羅三藐三菩提心하니라

"훌륭하고 훌륭합니다. 선남자여, 그대는 모든 세간을 이익하게 하려고 하며, 그대는 일체 중생을 구호하려고 하며, 그대는 모든 부처님의 법을 부지런히 구하려고 아뇩다라삼먁삼보리심을 발하였습니다."

가장 높은 깨달음의 마음, 즉 보리심을 발하는 목적을

간단히 잘 정리하여 밝혔다. 모든 세간을 이익하게 하고, 일
체 중생을 구호하고, 일체 불법을 구하기 위한 것이라고 하
였다.

선남자 여획선리 여선득인신 여선주
善男子야 汝獲善利며 汝善得人身이며 汝善住

수 명 여선치여래출현 여선견문수사리대
壽命이며 汝善値如來出現이며 汝善見文殊師利大

선 지 식
善知識이니라

"선남자여, 그대는 좋은 이익을 얻었고, 그대는 사람
의 몸을 얻었고, 그대는 목숨이 길고, 그대는 여래가 출
현하심을 만났고, 그대는 문수사리 큰 선지식을 친견하
였습니다."

선재동자의 보리심 발한 것을 칭찬하고, 다시 좋은 이익
얻은 것과 사람의 몸을 받은 것과 목숨이 긴 것과 여래가 출
현하심을 만난 것과 문수사리보살이라는 위대한 선지식을

친견하게 된 것까지를 대강 살펴 찬탄하였다. 일생에서 이와 같은 큰 축복을 받았으니 얼마나 다행하고 경사스러운 일인가. 그 모든 것은 보리심을 발한 것으로부터 출발하였다. 앞으로 보리심의 위대함을 드러내어 밝히려고 하는 일이다.

汝身이 是善器라 爲諸善根之所潤澤이며 汝爲

白法之所資持라 所有解欲이 悉已淸淨하야 已爲

諸佛의 共所護念이며 已爲善友의 共所攝受로다

"그대의 몸은 좋은 그릇이 되어 모든 선근의 윤택한 바가 되었고, 그대는 청정한 법으로 유지되었으므로 이해와 욕망이 다 이미 청정하였으며, 이미 모든 부처님의 함께 염려하심이 되었으며, 이미 선지식들이 함께 거두어 줌이 되었습니다."

보리심을 발한 몸은 실로 훌륭한 좋은 그릇이다. 또 청정한 부처님의 법을 유지하고 있는 좋은 그릇이다. 그래서 이미 모든 부처님이 보호하고 염려하시는 바이며, 선지식들이 함께 섭수하는 바이다. 선재동자는 이와 같은 사람이다. 그것은 모두가 보리심을 발하였기 때문이다. 사람 사람이 본래로 다 같이 지니고 있는 보리심이지만 그 보리심에 싹을 틔운[發] 사람과 아직 곤히 잠들고 있는 사람은 비록 같은 보리심이지만 천지현격으로 다른 것이다. 그러나 보리심이란 또한 일체 불법의 씨앗이므로 씨앗의 공덕은 아무리 찬탄하여도 다할 수 없다. 그래서 아래에 그 공덕에 대해서 자세히 밝힌다.

2) 보리심의 공덕을 자세히 설하다

何以故ᄋ 善男子야 菩提心者는 猶如種子하니

能生一切諸佛法故며

"무슨 까닭입니까. 선남자여, 보리심은 종자種子와 같으니, 능히 모든 불법을 내는 연고입니다."

보리심은 일체 불법의 씨앗이므로 그 공덕에 대해서 아무리 찬탄하여도 다할 수 없다. 경문에서는 221구로써 그 공덕을 밝히고 있다.

청량스님은 소疏에서 밝히기를, "보리심은 공덕을 갖춘 까닭에 문장이 221이나 있다. 모두 세 가지 발심을 통하여 모든 지위의 공덕을 한꺼번에 갖추었다. 또한 나누면 둘이니 처음 선남자善男子 아래 118구절은 보리심이 모든 수행의 지위를 두루 다 갖춘 것을 밝혔고, 뒤의 득무외약得無畏藥 아래 103구절은 보리심이 모든 지위의 공덕을 한꺼번에 다 갖춘 것을 밝혔다."[2]라고 하였다.

보리심은 일체 불법의 씨앗이므로 그 공덕을 221구절의 글로써 다 밝힐 수 없으나 그러나 설명할 수 있는 내용들을 모두 동원하여 설명하였다. 글이 많다고 해서 대강 읽을 것이 아니라 세 번 네 번, 생각하고 또 생각하면서 읽어야 할 것이다.

---

2) 菩提心具德故, 文有二百二十一句. 皆通三種發心. 頓具諸位功德. 且分為二
: 初【善男子】下 一百一十八句, 明菩提心遍該諸地. 後【得無畏藥】下 一百
三句, 明菩提心頓具諸位功德.

보리 심 자　　유 여 양 전　　　능 장 중 생　　백 정 법
菩提心者는 猶如良田하니 能長衆生의 白淨法

고
故며

　　"보리심은 좋은 밭과 같으니, 능히 중생들의 깨끗한
법을 자라게 하는 연고입니다."

　　보리 심 자　　유 여 대 지　　　능 지 일 체 제 세 간 고
　　菩提心者는 猶如大地하니 能持一切諸世間故

니라

　　"보리심은 대지大地와 같으니, 능히 모든 세간을 유지
하는 연고입니다."

　　보리 심 자　　유 여 정 수　　　능 세 일 체 번 뇌 구 고
　　菩提心者는 猶如淨水하니 能洗一切煩惱垢故며

　　"보리심은 깨끗한 물과 같으니, 능히 모든 번뇌의 때
를 씻는 연고입니다."

보리심자　유여대풍　보어세간　무소애
菩提心者는 **猶如大風**하니 **普於世間**에 **無所礙**
고
故며

"보리심은 큰 바람과 같으니, 세간에 두루 걸림이 없는 연고입니다."

보리심자　유여성화　능소일체제견신고
菩提心者는 **猶如盛火**하니 **能燒一切諸見薪故**며

"보리심은 치성한 불과 같으니, 능히 일체 모든 소견의 섶나무를 태우는 연고입니다."

보리심자　유여정일　보조일체제세간고
菩提心者는 **猶如淨日**하니 **普照一切諸世間故**며

"보리심은 밝은 해와 같으니, 일체 모든 세간을 두루 비추는 연고입니다."

보리심자　　유여성월　　제백정법　　실원만

菩提心者는 猶如盛月하니 諸白淨法이 悉圓滿

고
故며

"보리심은 보름달과 같으니, 여러 가지 깨끗한 법이
모두 원만한 연고입니다."

보리심자　　유여명등　　능방종종법광명고

菩提心者는 猶如明燈하니 能放種種法光明故며

"보리심은 밝은 등불과 같으니, 능히 가지가지 법의
광명을 놓는 연고입니다."

보리심자　　유여정목　　보견일체안위처고

菩提心者는 猶如淨目하니 普見一切安危處故며

"보리심은 깨끗한 눈과 같으니, 여러 가지 편안하고
위태한 곳을 널리 보는 연고입니다."

보리심 자　　유 여 대 도　　　보 령 득 입 대 지 성 고
菩提心者는 猶如大道하니 **普令得入大智城故**며

"보리심은 큰 길과 같으니, 큰 지혜의 성城에 널리 들
어가게 하는 연고입니다."

보리심 자　　유 여 정 제　　　영 기 득 리 제 사 법 고
菩提心者는 猶如正濟하니 **令其得離諸邪法故**며

"보리심은 바르게 건너는 것과 같으니, 모든 삿된 법
을 여의게 하는 연고입니다."

보리심 자　　유 여 대 거　　　보 능 운 재 제 보 살 고
菩提心者는 猶如大車하니 **普能運載諸菩薩故**며

"보리심은 큰 수레와 같으니, 능히 모든 보살을 두루
실어 옮기는 연고입니다."

보리심 자　　유 여 문 호　　　개 시 일 체 보 살 행 고
菩提心者는 猶如門戶하니 **開示一切菩薩行故**며

"보리심은 문과 같으니, 모든 보살의 행을 열어 보이는 연고입니다."

보리심자　유여궁전　안주수습삼매법고
菩提心者는 猶如宮殿하니 安住修習三昧法故며

"보리심은 궁전과 같으니, 삼매의 법에 편안히 있어 닦게 하는 연고입니다."

보리심자　유여원원　어중유희　수법
菩提心者는 猶如園苑하니 於中遊戲하야 受法
락고
樂故며

"보리심은 공원과 같으니, 그 안에서 유희하면서 법의 즐거움을 받는 연고입니다."

보리심자　유여사택　안은일체제중생고
菩提心者는 猶如舍宅하니 安隱一切諸衆生故며

"보리심은 집과 같으니, 일체 모든 중생을 편안하게
하는 연고입니다."

보리심 자　즉위소귀　　이익일체제세간고
菩提心者는 則爲所歸하니 利益一切諸世間故며

"보리심은 돌아갈 데가 되나니, 일체 모든 세간을 이
익하게 하는 연고입니다."

보리심 자　즉위소의　　제보살행　소의처
菩提心者는 則爲所依하니 諸菩薩行의 所依處
고
故며

"보리심은 의지할 데가 되나니, 모든 보살의 행이 의
지한 곳인 연고입니다."

보리심 자　유여자부　　훈도일체제보살고
菩提心者는 猶如慈父하니 訓導一切諸菩薩故며

"보리심은 자비하신 아버지와 같으니, 일체 모든 보살을 훈계하여 지도하는 연고입니다."

보리심자　유여자모　생장일체제보살고
菩提心者는 猶如慈母하니 生長一切諸菩薩故며

"보리심은 인자한 어머니와 같으니, 일체 모든 보살을 낳아 기르는 연고입니다."

보리심자　유여유모　양육일체제보살고
菩提心者는 猶如乳母하니 養育一切諸菩薩故며

"보리심은 유모와 같으니, 일체 모든 보살을 양육하는 연고입니다."

보리심자　유여선우　성익일체제보살고
菩提心者는 猶如善友하니 成益一切諸菩薩故며

"보리심은 착한 벗과 같으니, 일체 모든 보살을 성취

하여 이익하게 하는 연고입니다."

보리심자   유여군주   승출일체이승인고
菩提心者는 猶如君主하니 勝出一切二乘人故며

"보리심은 국왕과 같으니, 일체 이승二乘 사람들보다
뛰어나는 연고입니다."

보리심자   유여제왕   일체원중   득자재
菩提心者는 猶如帝王하니 一切願中에 得自在
고
故니라

"보리심은 제왕과 같으니, 모든 원願에서 자유자재한
연고입니다."

보리심자   유여대해   일체공덕   실입중
菩提心者는 猶如大海하니 一切功德이 悉入中

고
故며

　"보리심은 큰 바다와 같으니, 모든 공덕이 다 그 가
운데 들어가는 연고입니다."

　　보리심자　　여수미산　　　어제중생　　심평등
　菩提心者는 **如須彌山**하니 **於諸衆生**에 **心平等**

고
故며

　"보리심은 수미산과 같으니, 모든 중생들에게 마음
이 평등한 연고입니다."

　　보리심자　　여철위산　　　섭지일체제세간고
　菩提心者는 **如鐵圍山**하니 **攝持一切諸世間故**며

　"보리심은 철위산과 같으니, 일체 모든 세간을 거두
어 가지는 연고입니다."

보리심 자　　유 여 설 산　　장 양 일 체 지 혜 약 고
菩提心者는 猶如雪山하니 長養一切智慧藥故며

"보리심은 설산과 같으니, 모든 지혜의 약풀을 자라
게 하는 연고입니다."

보리심 자　　유 여 향 산　　출 생 일 체 공 덕 향 고
菩提心者는 猶如香山하니 出生一切功德香故며

"보리심은 향산香山과 같으니, 모든 공덕의 향을 내는
연고입니다."

보리심 자　　유 여 허 공　　제 묘 공 덕　　광 무 변
菩提心者는 猶如虛空하니 諸妙功德이 廣無邊
고
故며

"보리심은 허공과 같으니, 묘한 공덕이 넓어서 그지
없는 연고입니다."

보 리 심 자   유 여 연 화   불 염 일 체 세 간 법 고
菩提心者는 猶如蓮華하니 不染一切世間法故
니라

　"보리심은 연꽃과 같으니, 모든 세간의 법에 물들지
않는 연고입니다."

　　　　보 리 심 자   여 조 혜 상   기 심 선 순   불 광
菩提心者는 如調慧象하니 其心善順하야 不爌
여 고
戾故며

　"보리심은 길이 잘 든 코끼리와 같으니, 그 마음이
유순하여 영악하지 않은 연고입니다."

　　　　보 리 심 자   여 양 선 마   원 리 일 체 제 악 성 고
菩提心者는 如良善馬하니 遠離一切諸惡性故며

　"보리심은 양순한 말과 같으니, 일체 모든 악한 성질
을 멀리 여의는 연고입니다."

보리심자　　여조어사　　수호대승일체법고
菩提心者는 **如調御師**하니 **守護大乘一切法故**며

"보리심은 말을 모는 이와 같으니, 대승의 모든 법을 수호하는 연고입니다."

보리심자　　유여양약　　능치일체번뇌병고
菩提心者는 **猶如良藥**하니 **能治一切煩惱病故**며

"보리심은 좋은 약과 같으니, 모든 번뇌의 병을 치료하는 연고입니다."

보리심자　　유여갱정　　함몰일체제악법고
菩提心者는 **猶如坑穽**하니 **陷沒一切諸惡法故**며

"보리심은 함정과 같으니, 일체 모든 나쁜 법을 빠뜨리는 연고입니다."

보리심자　　유여금강　　실능천철일체법고
菩提心者는 **猶如金剛**하니 **悉能穿徹一切法故**며

"보리심은 금강과 같으니, 능히 모든 법을 잘 뚫는 연고입니다."

보리심자　유여향협　　능저일체공덕향고
菩提心者는 猶如香篋하니 能貯一切功德香故며

"보리심은 향합과 같으니, 모든 공덕의 향을 담는 연고입니다."

보리심자　유여묘화　　일체세간　소낙견
菩提心者는 猶如妙華하니 一切世間의 所樂見
고
故며

"보리심은 아름다운 꽃과 같으니, 모든 세간에서 보기를 좋아하는 연고입니다."

보리심자　여백전단　　제중욕열　　사청
菩提心者는 如白栴檀하니 除衆欲熱하야 使淸

량 고
涼故며

　"보리심은 백전단과 같으니, 온갖 욕심의 열을 제거하여 청량하게 하는 연고입니다."

보 리 심 자　　여 흑 침 향　　능 훈 법 계　　실 주
菩提心者는 如黑沈香하니 能熏法界하야 悉周
변 고
徧故니라

　"보리심은 검은 침향과 같으니, 능히 법계에 두루 풍기는 연고입니다."

보 리 심 자　　여 선 견 약 왕　　능 파 일 체 번 뇌 병
菩提心者는 如善見藥王하니 能破一切煩惱病
고
故며

　"보리심은 선견약善見藥과 같으니, 능히 모든 번뇌의 병을 없애는 연고입니다."

보리 심 자　여 비 급 마 약　　능 발 일 체 제 혹 전
菩提心者는 如毘笈摩藥하니 能拔一切諸惑箭

고
故며

"보리심은 비급마毘笈摩약과 같으니, 능히 일체 모든
의혹의 화살을 뽑는 연고입니다."

보리 심 자　유 여 제 석　　일 체 주 중　최 위 존
菩提心者는 猶如帝釋하니 一切主中에 最爲尊

고
故며

"보리심은 제석帝釋과 같으니, 여러 임금 중에 가장
높은 연고입니다."

보리 심 자　여 비 사 문　　능 단 일 체 빈 궁 고 고
菩提心者는 如毘沙門하니 能斷一切貧窮苦故며

"보리심은 비사문毘沙門과 같으니, 능히 모든 가난한
고통을 끊는 연고입니다."

보 리 심 자　　여 공 덕 천　　일 체 공 덕　　소 장 엄
菩提心者는 如功德天하니 一切功德의 所莊嚴

고
故며

　"보리심은 공덕천功德天과 같으니, 온갖 공덕으로 장
엄하는 연고입니다."

보 리 심 자　　여 장 엄 구　　장 엄 일 체 제 보 살 고
菩提心者는 如莊嚴具하니 莊嚴一切諸菩薩故며

　"보리심은 장엄거리와 같으니, 일체 모든 보살을 장
엄하는 연고입니다."

보 리 심 자　　여 겁 소 화　　능 소 일 체 제 유 위 고
菩提心者는 如劫燒火하니 能燒一切諸有爲故며

　"보리심은 겁말劫末에 타는 불과 같으니, 능히 일체
모든 함이 있는 것을 다 태우는 연고입니다."

보리심자　　여무생근약　　장양일체제불법
菩提心者는 如無生根藥하니 長養一切諸佛法

고
故며

"보리심은 남이 없는 뿌리 약[無生根藥]과 같으니, 일체 모든 불법을 자라게 하는 연고입니다."

보리심자　　유여용주　　능소일체번뇌독고
菩提心者는 猶如龍珠하니 能消一切煩惱毒故며

"보리심은 용의 턱에 있는 구슬과 같으니, 능히 모든 번뇌의 독을 소멸하는 연고입니다."

보리심자　　여수청주　　능청일체번뇌탁고
菩提心者는 如水淸珠하니 能淸一切煩惱濁故
니라

"보리심은 물을 맑히는 구슬과 같으니, 능히 모든 번뇌의 흐림을 맑히는 연고입니다."

보 리 심 자　　여 여 의 주　　주 급 일 체 제 빈 핍 고
菩提心者는 如如意珠하니 周給一切諸貧乏故며

"보리심은 여의주와 같으니, 일체 모든 가난한 이를
구해 주는 연고입니다."

보 리 심 자　　여 공 덕 병　　만 족 일 체 중 생 심 고
菩提心者는 如功德瓶하니 滿足一切衆生心故며

"보리심은 공덕병功德瓶과 같으니, 모든 중생의 마음
을 만족하게 하는 연고입니다."

보 리 심 자　　여 여 의 수　　능 우 일 체 장 엄 구 고
菩提心者는 如如意樹하니 能雨一切莊嚴具故며

"보리심은 여의수如意樹와 같으니, 능히 모든 장엄거
리를 비 내리는 연고입니다."

보 리 심 자　　여 아 우 의　　불 수 일 체 생 사 구 고
菩提心者는 如鵝羽衣하니 不受一切生死垢故며

"보리심은 거위 깃옷[鵝羽衣]과 같으니, 모든 생사의 때가 묻지 않은 연고입니다."

　　보리심 자　　여백첩선　　종본이래　　성청정
　　菩提心者는 如白氎線하니 從本已來로 性淸淨
고
故며

"보리심은 흰 털실과 같으니, 본래부터 성품이 깨끗한 연고입니다."

　　보리심 자　　여쾌이리　　능치일체중생전고
　　菩提心者는 如快利犁하니 能治一切衆生田故며

"보리심은 날카로운 보습과 같으니, 모든 중생의 밭을 가는 연고입니다."

　　보리심 자　　여나라연　　능최일체아견적고
　　菩提心者는 如那羅延하니 能摧一切我見敵故며

"보리심은 나라연那羅延과 같으니, 능히 일체 '나'라는 소견을 가진 적을 부수는 연고입니다."

보리심 자　유 여 쾌 전　　능 파 일 체 제 고 적 고
菩提心者는 猶如快箭하니 能破一切諸苦的故며

"보리심은 뾰족한 화살과 같으니, 능히 일체 모든 괴로움의 과녁을 꿰는 연고입니다."

보리심 자　유 여 이 모　　능 천 일 체 번 뇌 갑 고
菩提心者는 猶如利矛하니 能穿一切煩惱甲故며

"보리심은 날카로운 창과 같으니, 능히 모든 번뇌 갑옷을 뚫는 연고입니다."

보리심 자　유 여 견 갑　　능 호 일 체 여 리 심 고
菩提心者는 猶如堅甲하니 能護一切如理心故

니라

"보리심은 견고한 갑옷과 같으니, 능히 모든 진리대로의 마음[如理心]을 보호하는 연고입니다."

보리심자　유여이도　능참일체번뇌수고
菩提心者는 猶如利刀하니 能斬一切煩惱首故며

"보리심은 잘 드는 칼과 같으니, 능히 모든 번뇌 머리를 베는 연고입니다."

보리심자　유여이검　능단일체교만개고
菩提心者는 猶如利劍하니 能斷一切憍慢鎧故며

"보리심은 날카로운 검과 같으니, 능히 모든 교만의 투구를 깨는 연고입니다."

보리심자　여용장당　능복일체제마군고
菩提心者는 如勇將幢하니 能伏一切諸魔軍故며

"보리심은 용맹한 장수의 깃대와 같으니, 능히 일체

모든 마魔를 굴복시키는 연고입니다."

　보 리 심 자　유 여 이 거　능 절 일 체 무 명 수 고
菩提心者는 **猶如利鋸**하니 **能截一切無明樹故**며

"보리심은 잘 드는 톱과 같으니, 능히 모든 무명의 나무를 끊는 연고입니다."

　보 리 심 자　유 여 이 부　능 벌 일 체 제 고 수 고
菩提心者는 **猶如利斧**하니 **能伐一切諸苦樹故**며

"보리심은 날선 도끼와 같으니, 능히 모든 고통의 나무를 베는 연고입니다."

　보 리 심 자　유 여 병 장　능 방 일 체 제 고 난 고
菩提心者는 **猶如兵仗**하니 **能防一切諸苦難故**며

"보리심은 병장기와 같으니, 능히 일체 모든 고난을 막는 연고입니다."

보리심자　　　유여선수　　　방호일체제도신고
菩提心者는 猶如善手하니 防護一切諸度身故며

"보리심은 좋은 손과 같으니, 일체 모든 바라밀다의
몸을 방비하는 연고입니다."

보리심자　　　유여호족　　　안립일체제공덕고
菩提心者는 猶如好足하니 安立一切諸功德故며

"보리심은 튼튼한 발과 같으니, 일체 모든 공덕을 세
우는 연고입니다."

보리심자　　　유여안약　　　멸제일체무명예고
菩提心者는 猶如眼藥하니 滅除一切無明翳故며

"보리심은 안약眼藥과 같으니, 모든 무명의 가림을 없
애는 연고입니다."

보리심자　　　유여겸섭　　　능발일체신견자고
菩提心者는 猶如鉗鑷하니 能拔一切身見刺故니라

"보리심은 족집게와 같으니, 능히 모든 몸이라는 소견의 가시를 뽑는 연고입니다."

보리 심 자　유 여 와 구　식 제 생 사 제 노 고 고
菩提心者는 猶如臥具하니 息除生死諸勞苦故며

"보리심은 앉는 방석[臥具]과 같으니, 생사의 모든 피로함을 쉬는 연고입니다."

보리 심 자　여 선 지 식　능 해 일 체 생 사 박 고
菩提心者는 如善知識하니 能解一切生死縛故며

"보리심은 선지식과 같으니, 능히 모든 생사의 속박을 푸는 연고입니다."

보리 심 자　여 호 진 재　능 제 일 체 빈 궁 사 고
菩提心者는 如好珍財하니 能除一切貧窮事故며

"보리심은 보물과 같으니, 능히 모든 빈궁을 없애는

연고입니다."

　　　　보리심자　　여대도사　　　선지보살출요도고
　　菩提心者는 如大導師하니 善知菩薩出要道故며

"보리심은 좋은 안내자와 같으니, 보살의 벗어나는
요긴한 길을 잘 아는 연고입니다."

　　　　보리심자　　유여복장　　　출공덕재　　　무궤핍
　　菩提心者는 猶如伏藏하니 出功德財하야 無匱乏

고
故며

"보리심은 묻힌 갈무리와 같으니, 공덕 재물을 다하
지 않게 내는 연고입니다."

　　　　보리심자　　유여용천　　　생지혜수　　　무궁
　　菩提心者는 猶如涌泉하니 生智慧水하야 無窮

진고
盡故며

　"보리심은 솟는 샘과 같으니, 지혜의 물을 끊이지 않
게 내는 연고입니다."

　　보리심자　　유여명경　　보현일체법문상고
　　菩提心者는 **猶如明鏡**하니 **普現一切法門像故**며

　"보리심은 밝은 거울과 같으니, 모든 법문의 영상을
나타내는 연고입니다."

　　보리심자　　유여연화　　불염일체제죄구고
　　菩提心者는 **猶如蓮華**하니 **不染一切諸罪垢故**며

　"보리심은 연꽃과 같으니, 일체 모든 죄의 때에 물들
지 않는 연고입니다."

　　보리심자　　유여대하　　유인일체도섭법고
　　菩提心者는 **猶如大河**하니 **流引一切度攝法故**며

"보리심은 큰 강과 같으니, 모든 건네주는 법을 이끌어 흐르는 연고입니다."

보리심자　여대용왕　능우일체묘법우고
菩提心者는 如大龍王하니 能雨一切妙法雨故니라

"보리심은 큰 용왕과 같으니, 능히 모든 묘한 법의 비를 내리는 연고입니다."

보리심자　유여명근　임지보살대비신고
菩提心者는 猶如命根하니 任持菩薩大悲身故며

"보리심은 목숨과 같으니, 보살의 크게 가엾이 여기는 몸을 유지하는 연고입니다."

보리심자　유여감로　능령안주불사계고
菩提心者는 猶如甘露하니 能令安住不死界故며

"보리심은 감로와 같으니, 능히 죽지 않는 세계에 편안히 머물게 하는 연고입니다."

보리심자　유여대망　보섭일체제중생고
菩提心者는 猶如大網하니 普攝一切諸衆生故며

"보리심은 큰 그물과 같으니, 일체 모든 중생을 거두어 주는 연고입니다."

보리심자　유여견삭　섭취일체소응화고
菩提心者는 猶如罥索하니 攝取一切所應化故며

"보리심은 오랏줄과 같으니, 모든 교화받을 중생을 끌어당기는 연고입니다."

보리심자　유여구이　출유연중소거자고
菩提心者는 猶如鉤餌하니 出有淵中所居者故며

"보리심은 낚시 미끼와 같으니, 존재의 연못[有淵] 속에 사는 이를 이끌어 내는 연고입니다."

보리심자　여아가타약　능령무병　영
菩提心者는 如阿伽陀藥하니 能令無病하야 永

안 은 고
安隱故며

"보리심은 아가타약과 같으니, 능히 병을 없애고 길이 편안하게 하는 연고입니다."

보리심자　여제독약　실능소헐탐애독고
菩提心者는 如除毒藥하니 悉能消歇貪愛毒故며

"보리심은 독을 제거하는 약과 같으니, 탐애의 독을 다 능히 소멸하는 연고입니다."

보리심자　여선지주　능제일체전도독고
菩提心者는 如善持呪하니 能除一切顚倒毒故며

"보리심은 주문을 잘 외는 것과 같으니, 능히 모든 뒤바뀐 독을 제거하는 연고입니다."

보리심자 유여질풍 능권일체제장무고
菩提心者는 猶如疾風하니 能卷一切諸障霧故며

"보리심은 빠른 바람과 같으니, 능히 일체 모든 장애의 안개를 걷어 버리는 연고입니다."

보리심자 여대보주 출생일체각분보고
菩提心者는 如大寶洲하니 出生一切覺分寶故
니라

"보리심은 보배 섬과 같으니, 모든 깨달을 부분[覺分]의 보배를 내는 연고입니다."

보리심자 여호종성 출생일체백정법고
菩提心者는 如好種性하니 出生一切白淨法故며

"보리심은 좋은 종자와 같으니, 모든 희고 깨끗한 법을 내는 연고입니다."

보리심자　유여주택　제공덕법　소의처
菩提心者는 猶如住宅하니 諸功德法의 所依處
고
故며

"보리심은 주택住宅과 같으니, 모든 공덕의 법이 의지한 곳인 연고입니다."

보리심자　유여시사　보살상인　무역처
菩提心者는 猶如市肆하니 菩薩商人의 貿易處
고
故며

"보리심은 시장과 같으니, 보살 장사꾼이 무역하는 곳인 연고입니다."

보리심자　여연금약　　능치일체번뇌구고
菩提心者는 **如鍊金藥**하니 **能治一切煩惱垢故**며

"보리심은 금을 단련하는 약과 같으니, 능히 모든 번뇌의 때를 다스리는 연고입니다."

보리심자　유여호밀　　원만일체공덕미고
菩提心者는 **猶如好蜜**하니 **圓滿一切功德味故**며

"보리심은 꿀과 같으니, 모든 공덕의 맛을 원만하게 하는 연고입니다."

보리심자　유여정도　　영제보살　입지성
菩提心者는 **猶如正道**하니 **令諸菩薩**로 **入智城**
고
故며

"보리심은 바른 길과 같으니, 모든 보살들을 지혜의 성에 들어가게 하는 연고입니다."

보리심자　유여호기　능지일체백정법고
菩提心者는 猶如好器하니 能持一切白淨法故며

"보리심은 좋은 그릇과 같으니, 능히 모든 희고 깨끗한 법을 담는 연고입니다."

보리심자　유여시우　능멸일체번뇌진고
菩提心者는 猶如時雨하니 能滅一切煩惱塵故며

"보리심은 때 맞춰서 내리는 비와 같으니, 능히 모든 번뇌의 먼지를 없애는 연고입니다."

보리심자　즉위주처　일체보살　소주처
菩提心者는 則爲住處하니 一切菩薩의 所住處

고
故며

"보리심은 있을 곳이 되나니, 모든 보살의 머무는 곳인 연고입니다."

보리심자　즉위수행　불취성문　해탈과
菩提心者는 則爲壽行하니 不取聲聞의 解脫果
고
故니라

"보리심은 수행壽行이 되나니, 성문의 해탈과를 취하지 않는 연고입니다."

보리심자　여정유리　자성명결　무제
菩提心者는 如淨瑠璃하니 自性明潔하야 無諸
구고
垢故며

"보리심은 깨끗한 유리와 같으니, 성질이 맑고 깨끗하여 때가 없는 연고입니다."

보리심자　여제청보　출과세간이승지고
菩提心者는 如帝靑寶하니 出過世間二乘智故며

"보리심은 제석천왕의 푸른 보배[帝靑寶]와 같으니, 세간과 이승二乘의 지혜보다 뛰어나는 연고입니다."

보리심 자　여경루고　교제중생　번뇌수
菩提心者는 如更漏鼓하니 覺諸衆生의 煩惱睡

고
故며

"보리심은 시간을 알리는 북과 같으니, 모든 중생의
번뇌의 졸음을 깨우는 연고입니다."

보리심 자　여청정수　성본징결　무구
菩提心者는 如淸淨水하니 性本澄潔하야 無垢

탁 고
濁故며

"보리심은 맑은 물과 같으니, 성질이 깨끗하여 흐린
때가 없는 연고입니다."

보리심 자　여염 부금　영탈일체유위선고
菩提心者는 如閻浮金하니 映奪一切有爲善故며

"보리심은 염부단금[焰浮金]과 같으니, 모든 함이 있는
선한 것을 무색하게 하는 연고입니다."

보리심자　　여대산왕　　초출일체제세간고
菩提心者는 如大山王하니 超出一切諸世間故며

"보리심은 큰 산과 같으니, 일체 모든 세간에서 우뚝
솟아난 연고입니다."

보리심자　　즉위소귀　　불거일체제래자고
菩提心者는 則爲所歸하니 不拒一切諸來者故며

"보리심은 돌아갈 데가 되나니, 일체 모든 오는 이들
을 거절하지 않는 연고입니다."

보리심자　　즉위의리　　능제일체쇠뇌사고
菩提心者는 則爲義利하니 能除一切衰惱事故며

"보리심은 옳은 이익이 되나니, 능히 모든 쇠퇴하는
일을 제거하는 연고입니다."

보리심자　　즉위묘보　　능령일체　심환희고
菩提心者는 則爲妙寶하니 能令一切로 心歡喜故며

"보리심은 미묘한 보배가 되나니, 능히 모두의 마음을 기쁘게 하는 연고입니다."

　　보리심자　　여대시회　　충만일체중생심고
　　菩提心者는 如大施會하니 充滿一切衆生心故며

"보리심은 크게 보시하는 모임과 같으니, 일체 중생의 마음을 만족하게 하는 연고입니다."

　　보리심자　　즉위존승　　제중생심　　무여등
　　菩提心者는 則爲尊勝하니 諸衆生心이 無與等
고
故며

"보리심은 높고 훌륭한 것이 되나니, 모든 중생의 마음으로는 같을 수 없는 연고입니다."

　　보리심자　　유여복장　　능섭일체제불법고
　　菩提心者는 猶如伏藏하니 能攝一切諸佛法故며

"보리심은 묻힌 갈무리와 같으니, 능히 일체 모든 부처님 법을 거두어 모으는 연고입니다."

보리심자　여인다라망　능복번뇌아수라
菩提心者는 如因陀羅網하니 能伏煩惱阿修羅

고
故며

"보리심은 인드라그물과 같으니, 능히 번뇌의 아수라를 굴복시키는 연고입니다."

보리심자　여바루나풍　능동일체소응화
菩提心者는 如婆樓那風하니 能動一切所應化

고
故며

"보리심은 바루나婆樓那 바람과 같으니, 능히 모든 교화받을 이를 흔드는 연고입니다."

보리심자　　여인다라화　　능소일체제혹습
菩提心者는 **如因陀羅火**하니 **能燒一切諸惑習**
고
故며

"보리심은 인드라불과 같으니, 능히 일체 모든 번뇌의 습기를 태우는 연고입니다."

보리심자　　여불지제　　일체세간　　응공양
菩提心者는 **如佛支提**하니 **一切世間**이 **應供養**
고
故니라

"보리심은 부처님의 탑[佛支提]과 같으니, 모든 세간에서 공양할 바인 연고입니다."

보리심菩提心의 공덕에 대해서 자세히 밝혔다. 여기까지 무려 118구절이나 된다. 뒤에 득무외약得無畏藥 아래 103구절로써 보리심이 모든 보살 수행의 지위 공덕을 한꺼번에 다 갖추고 있는 것을 밝히는 내용이 다시 나온다.

그러나 그 외에도 아직 보리심의 공덕에 대해서는 얼마든지 더 설명할 것이 있다. 보리심은 달리 말하면 불심佛心이다. 보리심은 깨달음의 마음이다. 꿈을 깬 마음이다. 인자한 마음이다. 어여삐 여기는 마음이다. 그래서 사무량심四無量心이다.

또 보리심은 이타심利他心이다. 남을 먼저 배려하는 마음이다. 어머니의 마음이다. 자신은 제도를 얻지 못했으나 남을 먼저 제도하는 마음이다. 자신은 굶으면서 남을 먼저 먹이는 마음이다. 지장보살의 마음이다. 관세음보살의 마음이다. 문수보살과 보현보살의 마음이다. 이 모든 것을 다 포함한 마음이 보리심이다.

3〉 보리심의 공덕을 모두 맺다

선 남 자   보 리 심 자   성 취 여 시 무 량 공 덕
善男子야 **菩提心者**는 **成就如是無量功德**이어니와

거 요 언 지   응 지 실 여 일 체 불 법 제 공 덕 등
擧要言之컨댄 **應知悉與一切佛法諸功德等**이니

"선남자여, 보리심은 이와 같은 한량없는 공덕을 성

취하나니, 요점을 들어 말하면 일체 불법의 모든 공덕
과 동등한 줄을 응당 알아야 합니다."

하 이 고　　인 보 리 심　　출 생 일 체 제 보 살 행
何以故오 **因菩提心**하야 **出生一切諸菩薩行**이며

삼 세 여 래　　종 보 리 심　　이 출 생 고
三世如來가 **從菩提心**하야 **而出生故**라

"왜냐하면 보리심을 인하여 일체 모든 보살의 행을
내며, 세 세상 여래가 보리심으로부터 출생하시는 까닭
입니다."

시 고　　선 남 자　　약 유 발 아 뇩 다 라 삼 먁 삼 보 리
是故로 **善男子**야 **若有發阿耨多羅三藐三菩提**

심 자　　즉 이 출 생 무 량 공 덕　　보 능 섭 취 일 체 지
心者면 **則已出生無量功德**하야 **普能攝取一切智**

도
道니라

"그러므로 선남자여, 만약 아뇩다라삼먁삼보리심을

내는 이는 이미 한량없는 공덕을 내었으며, 일체 지혜의 길을 널리 거두어 가짐입니다."

길고 긴 보리심의 공덕을 찬탄하는 내용이다. 실로 보리심은 한량없는 공덕을 다 성취하고 있다. 그야말로 일체 불법의 모든 공덕과 동등하다. 보리심에는 일체 불법이 다 포함되기 때문이다. 일체 불법이 열매라면 보리심은 그 씨앗이다. 씨앗 하나로 그 많은 열매를 다 거두게 된다. 또 아래의 103구절은 보리심이 모든 보살 수행의 지위 공덕을 한꺼번에 다 갖추고 있는 것을 밝히고 있다. 보리심은 이와 같이 끝도 없고 한도 없고 한량도 없는 공덕을 다 갖추고 있다.

4〉 보리심은 모든 지위地位의 공덕을 다 갖추고 있다

〈1〉 십주十住의 덕을 갖추고 있다

선 남 자 비 여 유 인 득 무 외 약 이 오 공 포
善男子야 譬如有人이 得無畏藥에 離五恐怖하나니

하 등 위 오 소 위 화 불 능 소 독 불 능 중 도
何等이 爲五오 所謂火不能燒며 毒不能中이며 刀

불 능 상   수 불 능 표   연 불 능 훈
不能傷이며 水不能漂며 煙不能熏인달하야

"선남자여, 비유하면 마치 사람이 두려움 없는 약[無
畏藥]을 가지면 다섯 가지 공포를 여의나니 무엇이 다섯
입니까. 이른바 불에 타지 않고, 독에 걸리지 않고, 칼
에 상하지 않고, 물에 빠지지 않고, 연기에 취하지 않는
것과 같습니다."

　　보 살 마 하 살   역 부 여 시   　득 일 체 지 보 리 심
　　菩薩摩訶薩도 亦復如是하야 得一切智菩提心
약   탐 화   불 소   진 독   부 중   혹 도   불 상
藥에 貪火가 不燒하며 瞋毒이 不中하며 惑刀가 不傷
　　유 류   불 표   제 각 관 연   불 능 훈 해
하며 有流가 不漂하며 諸覺觀煙이 不能熏害니라

"보살마하살도 또한 그와 같아서 일체 지혜의 보리
심 약을 얻으면 탐욕의 불에 타지 않고, 성내는 독에 걸
리지 않고, 의혹의 칼에 상하지 않고, 존재의 흐름에 빠
지지 않고, 모든 깨닫고 살피는[覺觀] 연기에 취하지 아
니합니다."

보리심의 공덕을 다시 103구절의 말씀으로 드러낸다. 먼저 보리심은 모든 지위地位의 공덕을 다 갖추고 있다고 하여 처음 십주위十住位의 공덕을 갖추고 있음을 낱낱이 밝혔다. 비유하기를, 사람이 두려움 없는 약[無畏藥]을 가지면 다섯 가지 공포를 여의는 것과 같이 보리심약은 탐욕과 진에와 미혹 등의 독에 침해를 받지 않는다.

선남자   비여유인   득해탈약   종무횡난
善男子야 譬如有人이 得解脫藥에 終無橫難인달

보살마하살   역부여시   득보리심해탈지
하야 菩薩摩訶薩도 亦復如是하야 得菩提心解脫智

약   영리일체생사횡난
藥에 永離一切生死橫難이니라

"선남자여, 비유하면 마치 사람이 해탈의 약을 얻으면 마침내 횡액이 없나니, 보살마하살도 또한 그와 같아서 보리심의 해탈하는 지혜의 약을 얻으면 모든 생사의 횡액을 여의게 됩니다."

선남자　　비여유인　　지마하응가약　　독사
善男子야 譬如有人이 持摩訶應伽藥에 毒蛇가

문기　　　즉개원거　　　　보살마하살　　역부여
聞氣하면 則皆遠去인달하야 菩薩摩訶薩도 亦復如

시　　　지보리심대응가약　　일체번뇌제악독사
是하야 持菩提心大應伽藥에 一切煩惱諸惡毒蛇

　문기기자　　실개산멸
가 聞其氣者는 悉皆散滅이니라

"선남자여, 비유하면 마치 사람이 마하응가摩訶應伽약
을 가지면 독사가 냄새를 맡고 멀리 도망치나니, 보살
마하살도 또한 그와 같아서 보리심의 큰 응가약應伽藥을
가지면 모든 번뇌의 악한 독사가 그 냄새를 맡고는 다
흩어져 소멸됩니다."

선남자　　비여유인　　지무승약　　일체원적
善男子야 譬如有人이 持無勝藥에 一切怨敵이

무능승자　　　　보살마하살　　역부여시　　지
無能勝者인달하야 菩薩摩訶薩도 亦復如是하야 持

보리 심 무 능 승 약   실 능 항 복 일 체 마 군
菩提心無能勝藥에 **悉能降伏一切魔軍**이니라

"선남자여, 비유하면 마치 사람이 이길 이 없는 약[無
勝藥]을 가지면 모든 원수가 그를 이기지 못하나니, 보살
마하살도 또한 그와 같아서 보리심의 이길 이 없는 약
을 가지면 모든 마군을 다 항복받습니다."

선 남 자   비 여 유 인   지 비 급 마 약   능 령 독 전
善男子야 **譬如有人**이 **持毘笈摩藥**에 **能令毒箭**

자 연 타 락   보 살 마 하 살   역 부 여 시
으로 **自然墮落**인달하야 **菩薩摩訶薩**도 **亦復如是**하야

지 보 리 심 비 급 마 약   영 탐 에 치 제 사 견 전   자
持菩提心毘笈摩藥에 **令貪恚癡諸邪見箭**으로 **自**

연 타 락
然墮落이니라

"선남자여, 비유하면 마치 사람이 비급마약毘笈摩藥을 가
지면 독한 화살이 저절로 떨어지나니, 보살마하살도 또한
그와 같아서 보리심의 비급마약을 가지면 탐욕과 성냄과
어리석음과 삿된 소견의 화살이 저절로 떨어집니다."

선남자　비여유인　지선견약　능제일체소
善男子야 譬如有人이 持善見藥에 能諸一切所

유제병　　　　보살마하살　역부여시　　지보
有諸病인달하야 菩薩摩訶薩도 亦復如是하야 持菩

리심선견약왕　실제일체제번뇌병
提心善見藥王에 悉除一切諸煩惱病이니라

"선남자여, 비유하면 마치 사람이 선견약善見藥을 가
지면 일체 모든 병을 없애나니, 보살마하살도 또한 그
와 같아서 보리심의 선견약을 가지면 일체 모든 번뇌의
병을 다 없앱니다."

선남자　여유약수　　명산타나　유취기피
善男子야 如有藥樹하니 名珊陀那라 有取其皮

이도창자　창즉제유　연기수피　수취수
하야 以塗瘡者면 瘡則除愈나 然其樹皮는 隨取隨

생　　종불가진
生하야 終不可盡인달하야

"선남자여, 약나무가 있으니 이름이 산타나珊陀那입니
다. 그 껍질을 벗겨서 부스럼에 붙이면 부스럼이 곧 나

으며, 그 나무는 껍질을 벗기는 대로 곧 아물어서 마침
내 상하지 않습니다."

보살마하살의 　종보리심생일체지수　역부여
菩薩摩訶薩의 從菩提心生一切智樹도 亦復如
시　　약유득견　　이생신자　번뇌업창　실득
是하야 若有得見하고 而生信者면 煩惱業瘡이 悉得
소멸　　일체지수　초무소손
消滅이나 一切智樹는 初無所損이니라

"보살마하살의 보리심에서 생기는 일체 지혜의 나무
도 또한 그와 같아서 만약 누구나 보고 신심을 내면 번
뇌와 업의 부스럼이 곧 다 소멸되나 일체 지혜의 나무
는 조금도 손상되지 않습니다."

십주十住의 첫 주가 초발심주初發心住이다. 처음으로 보리
심을 발하는 것에 대해 "처음으로 보리심을 발할 때에 곧 정
각을 이룬다[初發心時便正覺]."라고 하여 모든 마음 중에서 가
장 위대한 마음으로 여긴다.

대반열반경大般涅槃經에는 이와 같이 설하였다.

"처음 보리심을 발한 것과 마지막 성불,

이 두 가지가 다른 것이 아니지만

이와 같은 두 가지 마음 중에

보리심을 발하기가 어려우니라.

자신은 아직 제도를 얻지 못했으나

다른 사람을 먼저 제도하나니

그러므로 나는

처음 보리심을 발한 사람에게 예배합니다.

처음 보리심을 발하면

이미 천신과 인간의 스승이 되나니

성문과 연각보다 훨씬 수승하니라.

이와 같이 처음 보리심을 발한 것은 삼계를 지나가나니

그러므로 가장 높다는 이름을 얻었느니라." 3)

---

3) 發心畢竟二不別 如是二心先心難 自未得度先度他 是故我禮初發心 初發已
   為人天師 勝出聲聞及緣覺 如是發心過三界 是故得名最無上. 『대반열반경(大般
   涅槃經)』

〈2〉 십행+行의 덕을 갖추고 있다

선남자 여유약수 명무생근 이기력고
善男子야 如有藥樹하니 名無生根이라 以其力故

증장일체염부제수 보살마하살 보리
로 增長一切閻浮提樹인달하야 菩薩摩訶薩의 菩提

심수 역부여시 이기력고 증장일체학여
心樹도 亦復如是하야 以其力故로 增長一切學與

무학 급제보살 소유선법
無學과 及諸菩薩의 所有善法이니라

"선남자여, 약나무가 있는데 이름이 '남이 없는 뿌리
[無生根]'입니다. 그 세력으로 모든 염부제의 나무를 자
라게 하나니, 보살마하살의 보리심 나무도 또한 그와
같아서 그 세력으로 모든 배우는 이와 배울 것 없는 이
와 모든 보살들의 착한 법을 증장하게 합니다."

선남자 비여유약 명아람바 약용도신
善男子야 譬如有藥하니 名阿藍婆라 若用塗身

신지여심 함유감능 보살마하살 득
이면 身之與心이 咸有堪能인달하야 菩薩摩訶薩의 得

보리심 아람 바약   역 부 여 시   영 기 신 심
菩提心阿藍婆藥도 亦復如是하야 令其身心으로

증 장 선 법
增長善法이니라

"선남자여, 비유컨대 약이 있으니 이름이 아람바^{阿藍} 입니다. 만약 그것을 몸에 바르면 몸과 마음에 힘이 나나니, 보살마하살의 보리심 아람바약도 또한 그와 같아서 몸과 마음에 착한 법을 증장하게 합니다."

선 남 자   비 여 유 인   득 염 력 약   범 소 문 사
善男子야 譬如有人이 得念力藥에 凡所聞事를

억 지 불 망   보 살 마 하 살   득 보 리 심 염 력 묘
憶持不忘인달하야 菩薩摩訶薩의 得菩提心念力妙

약   실 능 문 지 일 체 불 법   개 무 망 실
藥도 悉能聞持一切佛法하야 皆無忘失이니라

"선남자여, 비유컨대 마치 사람이 기억하는 힘이 있는 약을 먹으면 한 번 들은 일을 기억하고 잊지 않나니, 보살마하살이 보리심의 기억하는 힘이 있는 묘한 약을 먹으면 모든 불법을 다 듣고 잊어버리지 않습니다."

善男子_야 譬如有藥_{하니} 名大蓮華_라 其有服者_면

住壽一劫_{인달하야} 菩薩摩訶薩_의 服菩提心大蓮華

藥_도 亦復如是_{하야} 於無數劫_에 壽命自在_{니라}

"선남자여, 비유컨대 대연화大蓮華라는 약이 있는데 그 약을 먹으면 한 겁을 사나니, 보살마하살이 보리심 대연화약을 먹는 것도 또한 그와 같아서 수없는 겁에 목숨이 자유자재합니다."

善男子_야 譬如有人_이 執翳形藥_에 人與非人_이

悉不能見_{인달하야} 菩薩摩訶薩_의 執菩提心翳形妙

藥_도 一切諸魔_가 不能得見_{이니라}

"선남자여, 비유컨대 마치 사람이 몸을 가리는 약을 쥐면 사람과 사람이 아닌 이가 능히 보지 못하나니, 보

살마하살도 보리심의 몸 가리는 묘한 약을 잡으면 일체
모든 마魔들이 능히 보지 못합니다."

선남자　여해유주　명보집중보　차주
善男子야 如海有珠하니 名普集衆寶라 此珠가

약재　가사겁화　분소세간　능령차해
若在하면 假使劫火가 焚燒世間이라도 能令此海로

감어일적　무유시처
減於一滴이 無有是處인달하야

　"선남자여, 바다에 진주가 있으니 이름이 '온갖 보배
를 두루 모음'입니다. 이 진주가 만약 있으면 가령 겁
의 불이 세간을 태우더라도 이 바다에는 한 방울의 물
도 줄게 할 수 없습니다."

보살마하살　보리심주　역부여시　주어
菩薩摩訶薩의 菩提心珠도 亦復如是하야 住於

보살대원해중　약상억지　불영퇴실　능
菩薩大願海中하야 若常憶持하야 不令退失이면 能

괴보살 일선근자 종무시처 약퇴기심
壞菩薩의 一善根者가 終無是處어니와 若退其心이면

일체선법 즉개산멸
一切善法이 卽皆散滅이니라

"보살마하살의 보리심 진주도 또한 그와 같아서 보살의 서원 바다에 머물러 만약 항상 기억해 가지고 물러나지 않으면 보살의 착한 뿌리 하나를 무너뜨리는 일도 마침내 할 수 없거니와, 만일 그 마음이 물러나면 모든 착한 법이 다 소멸됩니다."

선남자 여유마니 명대광명 유이차주
善男子야 如有摩尼하니 名大光明이라 有以此珠

영락신자 영폐일체보장엄구 소유광명
로 瓔珞身者면 映蔽一切寶莊嚴具하야 所有光明

실개불현
이 悉皆不現인달하야

"선남자여, 대광명이라는 마니구슬이 있는데 이 구슬로 몸을 단장하면 모든 보배 장엄거리를 가리어 버려서 거기 있는 광명이 나타나지 못합니다."

보살마하살의 菩薩摩訶薩의 보리심보도 菩提心寶도 역부여시하야 亦復如是하야 영락 瓔珞

기신에 其身에 영폐일체이승심보하야 映蔽一切二乘心寶하야 제장엄구가 諸莊嚴具가 실무 悉無

광채 光彩니라

"보살마하살의 보리심 보배도 또한 그와 같아서 몸을 단장하면 모든 이승二乘의 마음 보배를 가리어 버려서 모든 장엄거리의 광채가 없어집니다."

선남자야 善男子야 여수청주가 如水淸珠가 능청탁수인달하야 能淸濁水인달하야 보살마 菩薩摩

하살의 訶薩의 보리심주도 菩提心珠도 역부여시하야 亦復如是하야 능청일체번뇌 能淸一切煩惱

구탁 垢濁이니라

"선남자여, 마치 물 맑히는 구슬이 능히 흐린 물을 맑히듯이 보살마하살의 보리심의 구슬도 또한 그와 같아서 모든 번뇌의 흐린 때를 맑힙니다."

선남자 비여유인 득주수보 계기신상
善男子야 譬如有人이 得住水寶하야 繫其身上

입대해중 불위수해 보살마하살
에 入大海中호대 不爲水害인달하야 菩薩摩訶薩도

역부여시 득보리심주수묘보 입어일체생
亦復如是하야 得菩提心住水妙寶에 入於一切生

사해중 종불침몰
死海中호대 終不沈沒이니라

"선남자여, 비유하면 마치 사람이 물에 머무는 보배
를 얻어 몸에 차면 큰 바다에 들어가도 물이 해치지 못
하나니, 보살마하살도 또한 그와 같아서 보리심의 물에
머무는 묘한 보배를 얻으면 모든 생사의 바다에 들어가
도 마침내 빠지지 아니합니다."

선남자 비여유인 득용보주 지입용궁
善男子야 譬如有人이 得龍寶珠에 持入龍宮호대

일체용사 불능위해 보살마하살 역부
一切龍蛇가 不能爲害인달하야 菩薩摩訶薩도 亦復

여시　　　 득보리심대용보주　　입욕계중　　　번
如是하야 **得菩提心大龍寶珠**에 **入欲界中**호대 **煩**

뇌용사　 불능위해
惱龍蛇가 **不能爲害**니라

"선남자여, 비유하면 어떤 사람이 용의 보배 구슬을 얻어 가지고 용궁에 들어가면 모든 용이나 뱀이 해하지 못하나니, 보살마하살도 또한 그와 같아서 보리심 큰 용의 보배 구슬을 얻어 욕심세계에 들어가더라도 번뇌의 용과 뱀이 해하지 못합니다."

사람에게 탐욕이 아무리 많다 하더라도 본래 지닌 보리심이 한번 작용하게 되면 그 탐욕이 순식간에 무너지고 만다. 탐욕뿐만 아니라 진심과 어리석음도 역시 그와 같다.

〈3〉 십회향+迴向의 덕을 갖추고 있다

선남자　 비여제석　 착마니관　 영폐일체제
善男子야 **譬如帝釋**이 **着摩尼冠**에 **映蔽一切諸**

여천중 　　　보살마하살　역부여시　　　착보
餘天衆인달하야 菩薩摩訶薩도 亦復如是하야 着菩

리심대원보관　　초과일체삼계중생
提心大願寶冠에 超過一切三界衆生이니라

"선남자여, 비유컨대 마치 제석천왕이 마니보배 관
을 쓰면 다른 하늘 무리들을 가리어 버리나니, 보살마
하살도 또한 그와 같아서 보리심의 큰 서원인 보배 관
을 쓰면 모든 세 세상 중생을 초과합니다."

　선남자　비여유인　득여의주　제멸일체빈
善男子야 譬如有人이 得如意珠에 除滅一切貧

궁지고　　　보살마하살　역부여시　　　득보
窮之苦인달하야 菩薩摩訶薩도 亦復如是하야 得菩

리심여의보주　원리일체사명포외
提心如意寶珠에 遠離一切邪命怖畏니라

"선남자여, 비유컨대 마치 사람이 여의주를 얻으면
모든 빈궁한 괴로움을 소멸하나니, 보살마하살도 또한
그와 같아서 보리심 여의주 보배를 얻으면 모든 삿되게
생활하는 두려움을 멀리 여의게 됩니다."

선남자　비여유인　득일정주　지향일광
善男子야 **譬如有人**이 **得日精珠**에 **持向日光**하야

이생어화　　보살마하살　역부여시　　득
而生於火인달하야 **菩薩摩訶薩**도 **亦復如是**하야 **得**

보리심지일보주　지향지광　이생지화
菩提心智日寶珠에 **持向智光**하야 **而生智火**니라

"선남자여, 비유컨대 마치 사람이 일정주日精珠를 얻어 햇빛을 향하면 불이 나나니, 보살마하살도 또한 그와 같아서 보리심 지혜의 일정주를 얻어 지혜의 빛을 향하면 지혜의 불이 납니다."

선남자　비여유인　득월정주　지향월광
善男子야 **譬如有人**이 **得月精珠**에 **持向月光**하야

이생어수　　보살마하살　역부여시　　득
而生於水인달하야 **菩薩摩訶薩**도 **亦復如是**하야 **得**

보리심월정보주　지차심주　감회향광　이
菩提心月精寶珠에 **持此心珠**하고 **鑒廻向光**하야 **而**

생일체선근원수
生一切善根願水니라

"선남자여, 비유컨대 마치 사람이 월정주月精珠를 얻어 달빛을 향하면 물이 나나니, 보살마하살도 또한 그와 같아서 보리심의 월정주를 얻어서 이 마음의 구슬을 가지고 회향하는 빛에 비추면 모든 착한 뿌리의 서원물을 냅니다."

선남자 비여용왕 수대여의마니보관 원
善男子야 譬如龍王이 首戴如意摩尼寶冠에 遠

리일체원적포외 보살마하살 역부여시
離一切怨敵怖畏인달하야 菩薩摩訶薩도 亦復如是

착보리심대비보관 원리일체악도제난
하야 着菩提心大悲寶冠에 遠離一切惡道諸難이니라

"선남자여, 비유하면 마치 용왕이 머리에 여의주 마니 보배 관을 쓰면 모든 원수의 두려움을 여의나니, 보살마하살도 또한 그와 같아서 보리심의 크게 가엾이 여기는 보배 관을 쓰면 모든 나쁜 길의 어려움을 멀리 여의게 됩니다."

선남자 여유보주 명일체세간장엄장
善男子야 如有寶珠하니 名一切世間莊嚴藏이라

약유득자 영기소욕 실득충만 이차보
若有得者면 令其所欲으로 悉得充滿호대 而此寶

주 무소손감 보리심보 역부여시 약
珠는 無所損減인달하야 菩提心寶도 亦復如是하야 若

유득자 영기소원 실득만족 이보리심
有得者면 令其所願으로 悉得滿足호대 而菩提心은

무유손감
無有損減이니라

"선남자여, 보배 구슬이 있는데 이름이 '일체 세간을 장엄하는 창고'입니다. 만약 얻기만 하면 모든 욕망이 다 만족하나 이 보배 구슬은 줄어듦이 없나니, 보리심의 보배도 또한 그와 같아서 만약 얻는 이가 있으면 소원이 다 만족하여지나 보리심은 줄어들지 않습니다."

선남자 여전륜왕 유마니보 치어궁중
善男子야 如轉輪王이 有摩尼寶하니 置於宮中

방 대 광 명　　파 일 체 암　　　보 살 마 하 살　　역
에 放大光明하야 破一切暗인달하야 菩薩摩訶薩도 亦

부 여 시　　이 보 리 심 대 마 니 보　　주 어 욕 계　　방
復如是하야 以菩提心大摩尼寶로 住於欲界에 放

대 지 광　　실 파 제 취 무 명 흑 암
大智光하야 悉破諸趣無明黑暗이니라

"선남자여, 전륜왕이 마니보배를 궁중에 놓아두면
큰 광명을 내어 모든 어둠을 깨뜨리나니, 보살마하살도
또한 그와 같아서 보리심의 큰 마니보배를 욕심세계에
두면 큰 지혜의 빛을 놓아 여러 갈래의 무명의 캄캄함
을 깨뜨립니다."

선 남 자　　비 여 제 청 대 마 니 보　　약 유 위 차 광
善男子야 譬如帝青大摩尼寶가 若有爲此光

명 소 촉　　즉 동 기 색　　　　보 살 마 하 살　　보 리
明所觸이면 則同其色인달하야 菩薩摩訶薩의 菩提

심 보　　역 부 여 시　　관 찰 제 법　　회 향 선 근　　미
心寶도 亦復如是하야 觀察諸法하야 廻向善根에 靡

부 즉 동 보 리 심 색
不卽同菩提心色이니라

　"선남자여, 비유하면 마치 제석천왕의 푸른 마니보배가 만약 그 광명이 닿는 이가 있으면 그 빛과 같아지나니, 보살마하살의 보리심 보배도 또한 그와 같아서 모든 법을 관찰하여 착한 뿌리에 회향하면 보리심 빛과 같아지지 아니하는 이가 없습니다."

　　선 남 자　　여 유 리 보　　어 백 천 세　　처 부 정 중
　善男子야 **如瑠璃寶**가 **於百千歲**를 **處不淨中**호대

불 위 취 예 지 소 염 착　　　성 본 정 고　　　　보 살 마
不爲臭穢之所染着이니 **性本淨故**인달하야 **菩薩摩**

　하 살　　보 리 심 보　　역 부 여 시　　어 백 천 겁　　주
訶薩의 **菩提心寶**도 **亦復如是**하야 **於百千劫**을 **住**

욕 계 중　　불 위 욕 계 과 환 소 염　　　유 여 법 계
欲界中호대 **不爲欲界過患所染**이니 **猶如法界**하야

성 청 정 고
性淸淨故니라

　"선남자여, 유리 보배는 백천년 동안을 더러움 속에

있어도 더러운 데 물들지 않나니 성품이 원래 깨끗한 연고입니다. 보살마하살의 보리심 보배도 또한 그와 같아서 백천겁 동안을 욕심세계에 있어도 욕심세계의 허물과 근심 걱정에 물들지 않고 법계와 같나니 성품이 청정한 연고입니다."

사람들이 탐욕과 진심과 어리석음에 아무리 오랫동안 묻혀 있어도 언젠가 인연이 되면 사람 사람이 본래로 지니고 있는 보리심은 그 탐욕과 진심과 어리석음을 홀홀 털고 보리심의 빛을 발하게 된다. 본래 지닌 보리심은 시간과 공간에 구애받지 않으면서 영원히 변하지 않는 성질을 가지고 있기 때문이다.

〈4〉 십지十地의 덕을 갖추고 있다

① 제1지—地의 덕

선 남 자　비 여 유 보　　명 정 광 명　　실 능 영 폐
善男子야 譬如有寶하니 名淨光明이라 悉能映蔽

一切寶色인달하야 菩薩摩訶薩의 菩提心寶도 亦復
如是하야 悉能映蔽一切凡夫二乘功德이니라

"선남자여, 비유하면 마치 깨끗한 광명이라는 보배는 일체 보배의 빛을 모두 가리어 버리나니, 보살마하살의 보리심 보배도 또한 그와 같아서 모든 범부와 이승二乘의 공덕을 모두 가리어 버립니다."

善男子야 譬如有寶하니 名爲火焰이라 悉能除滅
一切暗冥인달하야 菩薩摩訶薩의 菩提心寶도 亦復
如是하야 能滅一切無知暗冥이니라

"선남자여, 비유하면 불꽃이라는 보배가 모든 어둠을 다 없애나니, 보살마하살의 보리심 보배도 또한 그와 같아서 모든 무지의 어둠을 소멸시킵니다."

선남자 비여해중 유무가보 상인 채
善男子야 **譬如海中**에 **有無價寶**어든 **商人**이 **採**

득 선재입성 제여마니백천만종 광색가
得하야 **船載入城**하면 **諸餘摩尼百千萬種**의 **光色價**

치 무여등자
直가 **無與等者**인달하야

"선남자여, 비유하면 마치 바다에 값 없는 보배가 있
는데 상인들이 채취하여 배에 싣고 성城에 들어가면 다
른 마니주는 백천만 종류라도 광택과 값이 비길 수 없
습니다."

보리심보 역부여시 주어생사대해지중
菩提心寶도 **亦復如是**하야 **住於生死大海之中**

보살마하살 승대원선 심심상속 재
이어든 **菩薩摩訶薩**이 **乘大願船**하고 **深心相續**하야 **載**

지내입해탈성중 이승공덕 무능급자
之來入解脫城中하면 **二乘功德**이 **無能及者**니라

"보리심 보배도 또한 그와 같아서 나고 죽는 큰 바
다 속에 있거든 보살마하살이 큰 서원의 배를 타고 깊

은 마음이 서로 계속하며 싣고 와서 해탈 성城으로 들어
가면 이승二乘의 공덕으로는 따를 이가 없습니다."

　　선남자　　여유보주　　명자재왕　　처염부
　善男子야 如有寶珠하니 名自在王이라 處閻浮

주　　거일월륜　　사만유순　　일월궁중소유
洲하야 去日月輪이 四萬由旬이로대 日月宮中所有

장엄　기주영현　　실개구족
莊嚴이 其珠影現하야 悉皆具足인달하야

　"선남자여, 보배 구슬이 있는데 이름이 자재왕입니
다. 염부제에 있어서 해와 달과는 멀기가 사만 유순이
지마는 일궁日宮과 월궁月宮에 있는 장엄이 그 구슬에 모
두 구족하게 나타납니다."

　　보살마하살　　발보리심정공덕보　　역부여
　菩薩摩訶薩의 發菩提心淨功德寶도 亦復如

시　　주생사중　　조법계공　　불지일월　　일체
是하야 住生死中하야 照法界空에 佛智日月의 一切

공 덕　　실 어 중 현
功德이 **悉於中現**이니라

　"보살마하살의 보리심을 발한 청정한 공덕 보배도
또한 그와 같아서 나고 죽는 가운데에 있거든 법계法界
인 허공을 비추는 부처님 지혜의 해와 달의 모든 공덕
이 그 가운데 나타납니다."

② 제2지二地의 덕

선 남 자　　여 유 보 주　　　명 자 재 왕　　　일 월 광 명
善男子야 **如有寶珠**하니 **名自在王**이라 **日月光明**

소 조 지 처　　일 체 재 보 의 복 등 물　　소 유 가 치　　　실
所照之處에 **一切財寶衣服等物**의 **所有價直**가 **悉**

불 능 급
不能及인달하야

　"선남자여, 보배 구슬이 있는데 이름이 자재왕입니
다. 해와 달의 광명이 비추는 곳에 있는 모든 재물과 보
배와 의복 따위의 값으로는 미칠 수 없습니다."

보살마하살　발보리심자재왕보　역부여
菩薩摩訶薩의 發菩提心自在王寶도 亦復如

시　　일체지광소조지처　삼세소유천인이승
是하야 一切智光所照之處에 三世所有天人二乘

누무루선　일체공덕　개불능급
漏無漏善의 一切功德이 皆不能及이니라

"보살마하살의 보리심을 발한 자재왕 보배도 또한
그와 같아서 온갖 지혜의 광명이 비추는 곳에 있는 세
세상의 천상과 인간과 이승二乘이 가진 새는 선[漏善]과
새지 않는 선[無漏善]의 모든 공덕으로는 미칠 수 없습
니다."

선남자　해중　유보　　명왈해장　보현해
善男子야 海中에 有寶하니 名曰海藏이라 普現海

중제장엄사　　보살마하살　보리심보　역
中諸莊嚴事인달하야 菩薩摩訶薩의 菩提心寶도 亦

부여시　보능현현일체지해제장엄사
復如是하야 普能顯現一切智海諸莊嚴事니라

"선남자여, 바닷속에 보배가 있는데 이름이 해장海藏

입니다. 바닷속에 있는 여러 가지 장엄한 일을 두루 나타내나니, 보살마하살의 보리심 보배도 또한 그와 같아서 일체 지혜 바다의 여러 가지 장엄한 일을 두루 나타냅니다."

善男子_야 譬如天上閻浮檀金_이 唯除心王大

摩尼寶_{하고} 餘無及者_{인달하야} 菩薩摩訶薩_의 發菩

提心閻浮檀金_도 亦復如是_{하야} 除一切智心王大

寶_{하고} 餘無及者_{니라}

"선남자여, 비유하면 마치 천상에 있는 염부단금은 오직 심왕心王 대마니보배를 빼놓고는 다른 보배로는 미칠 수가 없나니, 보살마하살의 보리심을 발한 염부단금도 또한 그와 같아서 일체 지혜의 심왕대보心王大寶를 빼놓고는 다른 것으로 미칠 수가 없습니다."

③ 제3지三地의 덕

선 남 자   비 여 유 인   선 조 용 법   어 제 용 중
善男子야 譬如有人이 善調龍法하면 於諸龍中

이 득 자 재   보 살 마 하 살   역 부 여 시   득
에 而得自在인달하야 菩薩摩訶薩도 亦復如是하야 得

보 리 심 선 조 용 법   어 제 일 체 번 뇌 용 중   이 득
菩提心善調龍法하면 於諸一切煩惱龍中에 而得

자 재
自在니라

"선남자여, 비유하면 마치 사람이 용을 길들이는 법
을 잘 알면 여러 용龍 가운데서 자재하게 되나니, 보살
마하살도 또한 그와 같아서 보리심의 용을 길들이는 법
을 잘 알면 일체 모든 번뇌의 용 가운데서 자재하게 됩
니다."

선 남 자   비 여 용 사   피 집 개 장   일 체 원 적
善男子야 譬如勇士가 被執鎧仗에 一切怨敵이

무 능 항 복   보 살 마 하 살   역 부 여 시   피
無能降伏인달하야 菩薩摩訶薩도 亦復如是하야 被

집 보리 대 심 개 장　일 체 업 혹　제 악 원 적　무 능
執菩提大心鎧仗에 一切業惑의 諸惡怨敵이 無能

굴 복
屈伏이니라

　"선남자여, 비유하면 마치 용사가 갑주를 입고 장기를 들면 모든 원적이 대항하지 못하나니, 보살마하살도 또한 그와 같아서 보리심의 갑주를 입고 장기를 들면 모든 업과 미혹의 나쁜 원적이 대항하지 못합니다."

　　선 남 자　비 여 천 상 혹 전 단 향　약 소 일 수
　　善男子야 譬如天上黑栴檀香이 若燒一銖하면

기 향　보 훈 소 천 세 계　삼 천 세 계 만 중 진 보
其香이 普熏小千世界하나니 三千世界滿中珍寶의

소 유 가 치　개 불 능 급
所有價直가 皆不能及인달하야

　"선남자여, 비유하면 마치 천상에 있는 흑전단향은 만약 한 돈쭝[一銖]만 태워도 그 향기가 소천세계에 널리 풍기어서 삼천대천세계에 가득한 보배의 값으로는 미치지 못합니다."

보살마하살   보리심향   역부여시   일념
菩薩摩訶薩의 菩提心香도 亦復如是하야 一念

공덕   보훈법계   성문연각   일체공덕   개
功德이 普熏法界하나니 聲聞緣覺의 一切功德이 皆

소 불 급
所不及이니라

"보살마하살의 보리심의 향香도 또한 그와 같아서 잠
깐 동안 공덕이 법계에 널리 풍기어서 성문과 연각의
모든 공덕으로는 모두 미치지 못합니다."

선남자   여백전단   약이도신   실능제멸
善男子야 如白栴檀이 若以塗身하면 悉能除滅

일체열뇌   영기신심   보득청량   보살
一切熱惱하야 令其身心으로 普得清涼인달하야 菩薩

마하살   보리심향   역부여시   능제일체 허
摩訶薩의 菩提心香도 亦復如是하야 能除一切虛

망분별탐에 치등제혹열뇌   영기구족지혜청
妄分別貪恚癡等諸惑熱惱하야 令其具足智慧清

량
涼이니라

　　"선남자여, 백전단향을 만약 몸에 바르면 일체 뜨거운 열기가 사라지고 몸과 마음을 청량하게 하나니, 보살마하살의 보리심 향도 또한 그와 같아서 허망하게 분별하는 모든 탐욕과 성냄과 어리석음의 뜨거운 번뇌를 없애고 지혜의 청량함을 구족하게 합니다."

④ 제4지四地의 덕

　　　선 남 자　　여 수 미 산　　약 유 근 자　　즉 동 기 색
　　善男子야 **如須彌山**이 **若有近者**면 **卽同其色**인달

　　　　　보 살 마 하 살　　보 리 심 산　　역 부 여 시　　　약 유
하야 **菩薩摩訶薩**의 **菩提心山**도 **亦復如是**하야 **若有**

근 자　　실 득 동 기 일 체 지 색
近者면 **悉得同其一切智色**이니라

　　"선남자여, 만약 수미산을 가까이하면 그 빛깔과 같아지나니, 보살마하살의 보리심의 산도 또한 그와 같아서 만약 가까이하면 그 일체 지혜의 빛깔과 같아집니다."

선남자　비여파리질다라수　기피향기　염
善男子야 譬如波利質多羅樹의 其皮香氣를 閻

부제중　약바사가　약담복가　약소마나여시
浮提中에 若婆師迦와 若薝蔔迦와 若蘇摩那如是

등화　소유향기　개불능급
等華의 所有香氣가 皆不能及인달하야

"선남자여, 비유하면 마치 파리질다라나무 껍질의
향기는 염부제에 있는 바사가꽃과 담복가꽃과 소마나꽃
들의 향기로는 능히 미칠 수 없습니다."

보살마하살　보리심수　역부여시　소발
菩薩摩訶薩의 菩提心樹도 亦復如是하야 所發

대원공덕지향　일체이승　무루계정지혜해
大願功德之香을 一切二乘의 無漏戒定智慧解

탈해탈지견제공덕향　실불능급
脫解脫知見諸功德香이 悉不能及이니라

"보살마하살의 보리심 나무도 또한 그와 같아서 큰
서원을 세운 공덕의 향기를 모든 이승二乘의 샘이 없는[無
漏] 계율과 선정과 지혜와 해탈과 해탈지견의 공덕의 향으로는 미치지 못합니다."

선남자 비여파리질다라수 수미개화 응
善男子야 譬如波利質多羅樹가 雖未開華나 應

지 즉 시 무 량 제 화 출 생 지 처
知卽是無量諸華의 出生之處인달하야

"선남자여, 비유하면 마치 파리질다라나무는 비록
아직 꽃이 피지 않았더라도 이것이 한량없는 모든 꽃들
이 날 곳인 줄을 응당 알아야 합니다."

보살마하살 보리심수 역부여시 수미
菩薩摩訶薩의 菩提心樹도 亦復如是하야 雖未

개 발 일 체 지 화 응 지 즉 시 무 수 천 인 중 보 리 화
開發一切智華나 應知卽是無數天人衆菩提華의

소 생 지 처
所生之處니라

"보살마하살의 보리심 나무도 또한 그와 같아서 비
록 온갖 지혜의 꽃이 아직 피지 않았더라도 이것이 수

없는 천신과 사람들의 보리菩提의 꽃이 생길 곳인 줄을
응당 알아야 합니다."

선남자 비여파리질다라화 일일훈의 담
善男子야 譬如波利質多羅華가 一日熏衣에 薝

복가화 파리사화 소마나화 수천세훈
蔔迦華와 婆利師華와 蘇摩那華가 雖千歲熏이라도

역 불 능 급
亦不能及인달하야

"선남자여, 비유하면 마치 파리질다라꽃으로 하루 동
안 옷에 풍긴 향기는 담복가꽃과 파리사꽃과 소마나꽃
으로는 천년 동안 풍기더라도 또한 미칠 수 없습니다."

보살마하살 보리심화 역부여시 일생
菩薩摩訶薩의 菩提心華도 亦復如是하야 一生

소훈제공덕향 보철시방일체불소 일체
所熏諸功德香이 普徹十方一切佛所하나니 一切

이승 　무루공덕 　백천겁훈 　 소불능급
二乘의 無漏功德이 百千劫熏이라도 所不能及이니라

"보살마하살의 보리심 꽃도 또한 그와 같아서 한평생 동안 풍긴 공덕의 향은 시방의 모든 부처님 계신 데 널리 사무쳐서 모든 이승二乘의 샘이 없는 공덕으로는 백천겁을 풍기어도 능히 미칠 수 없습니다."

⑤ 제5지五地의 덕

선 남 자 　여 해 도 중 　생 야 자 수 　 근 경 지 엽
善男子야 如海島中에 生椰子樹하니 根莖枝葉과

급 이 화 과 　일 체 중 생 　항 취 수 용 　 무 시 잠 헐
及以華果를 一切衆生이 恒取受用하야 無時暫歇

인달하야

"선남자여, 바다 섬 가운데 야자나무가 있는데 뿌리와 줄기와 가지와 잎과 꽃과 과실을 일체 중생들이 항상 가져다 쓰기를 쉴 새가 없습니다."

보살마하살 보리심수 역부여시 시종
菩薩摩訶薩의 菩提心樹도 亦復如是하야 始從

발기비원지심 내지성불정법주세 상시이
發起悲願之心으로 乃至成佛正法住世히 常時利

익일체세간 무유간헐
益一切世間하야 無有間歇이니라

"보살마하살의 보리심 나무도 또한 그와 같아서 자
비와 서원의 마음을 낸 때부터 내지 부처님이 되어 바
른 법이 세상에 머물러 있을 때까지 모든 세간을 항상
이익하게 하여 쉬지 아니합니다."

선남자 여유약즙 명하타카 인혹득지
善男子야 如有藥汁하니 名訶宅迦라 人或得之면

이기일냥 변천냥동 실성진금 비천냥
以其一兩으로 變千兩銅하야 悉成眞金이나 非千兩

동 능변차약
銅이 能變此藥인달하야

"선남자여, 마치 하타카라는 약물을 혹 사람이 얻으
면 한 냥쭝으로 천 냥의 구리를 변하여 진금을 만들지

만 천 냥의 구리로는 이 약을 변하게 할 수 없습니다."

보살마하살　역부여시　이 보 리 심 회 향 지
菩薩摩訶薩도 亦復如是하야 以菩提心廻向智

약　보변일체업혹등법　실사성어일체지
藥으로 普變一切業惑等法하야 悉使成於一切智

상　비업혹등　능변기심
相이나 非業惑等이 能變其心이니라

"보살마하살도 또한 그와 같아서 보리심으로 회향하
는 지혜의 약으로 모든 업과 번뇌의 법을 변하여서 일
체 지혜를 만들 수는 있으나 업과 번뇌로 그 마음을 변
하게 할 수는 없습니다."

선 남 자　비 여 소 화　수 소 분 소　기 염 전 치
善男子야 譬如小火가 隨所焚燒하야 其焰轉熾

보 살 마 하 살　보 리 심 화　역 부 여 시　수
인달하야 菩薩摩訶薩의 菩提心火도 亦復如是하야 隨

소 반 연   지 염 증 장
所攀緣하야 智焰增長이니라

"선남자여, 비유하면 마치 작은 불이라도 타는 대로 불꽃이 점점 치성하나니, 보살마하살의 보리심의 불 또한 그와 같아서 반연하는 대로 지혜의 불꽃이 증장합니다."

선 남 자   비 여 일 등   연 백 천 등   기 본 일 등
善男子야 譬如一燈이 然百千燈호대 其本一燈

   무 감 무 진   보 살 마 하 살   보 리 심 등   역
은 無減無盡인달하야 菩薩摩訶薩의 菩提心燈도 亦

부 여 시   보 연 삼 세 제 불 지 등   이 기 심 등   무
復如是하야 普然三世諸佛智燈호대 而其心燈은 無

감 무 진
減無盡이니라

"선남자여, 비유하면 마치 한 등불이 백천 등을 켜도 그 근본 등불은 줄지도 않고 다하지도 않나니, 보살마하살의 보리심의 등불도 또한 그와 같아서 세 세상 모든 부처님들의 지혜의 등을 두루 켜도 그 마음의 등불

은 줄지도 않고 다하지도 않습니다."

⑥ 제6지六地의 덕

선 남 자　　비 여 일 등　　입 어 암 실　　백 천 년 암
善男子야 **譬如一燈**이 **入於暗室**에 **百千年暗**이

실 능 파 진　　　　　보 살 마 하 살　　보 리 심 등　　　역 부
悉能破盡인달하야 **菩薩摩訶薩**의 **菩提心燈**도 **亦復**

여 시　　　　입 어 중 생 심 실 지 내　　백 천 만 억 불 가 설
如是하야 **入於衆生心室之內**에 **百千萬億不可說**

겁　　제 업 번 뇌 종 종 암 장　　실 능 제 진
劫의 **諸業煩惱種種暗障**이 **悉能除盡**이니라

"선남자여, 비유하면 마치 한 등불이 어두운 방에 들어가면 백천년 묵은 어둠이 모두 없어지나니, 보살마하살의 보리심의 등불도 또한 그와 같아서 중생의 마음의 방에 들어가면 백천만억 말할 수 없는 겁 동안 모든 묵은 업과 번뇌의 갖가지 어두움이 모두 없어집니다."

중생의 번뇌 무명은 시작은 없으나 보리심의 등불을 밝히면 번뇌 무명은 끝이 있어서 무시유종無始有終이고, 보리심

의 등불은 시작은 있으나 한번 밝히면 영원히 지속되므로 성
불成佛은 유시무종有始無終이다.

선남자   비여등주   수기대소   이발광명
善男子야 譬如燈炷가 隨其大小하야 而發光明

약익고유   명종부절   보살마하살
하나니 若益膏油면 明終不絶인달하야 菩薩摩訶薩의

보리심등   역부여시   대원위주   광조법
菩提心燈도 亦復如是하야 大願爲炷하야 光照法

계   익대비유   교화중생   장엄국토
界하나니 益大悲油하면 敎化衆生하며 莊嚴國土하며

시작불사   무유휴식
施作佛事하야 無有休息이니라

"선남자여, 비유하면 마치 등잔불의 심지가 크고 작음
을 따라 광명을 발할 적에 만약 기름을 더 부으면 밝은
광명이 끝까지 끊어지지 않나니, 보살마하살의 보리심의
등불도 또한 그와 같아서 큰 서원으로 심지가 되어 법계
를 비추는데 가엾이 여기는 기름을 더하면 중생을 교화
하고 국토를 장엄하는 불사佛事를 지어 쉬지 아니합니다."

선남자　비여타화자재천왕　관염부단진금
善男子야 譬如他化自在天王이 冠閻浮檀眞金

천관　욕계천자　제장엄구　개불능급
天冠에 欲界天子의 諸莊嚴具가 皆不能及인달하야

보살마하살　역부여시　관보리심대원천관
菩薩摩訶薩도 亦復如是하야 冠菩提心大願天冠

일체범부이승공덕　개불능급
에 一切凡夫二乘功德이 皆不能及이니라

"선남자여, 비유하면 마치 타화자재천왕이 염부단
진금으로 만든 천관天冠을 쓰면 욕심세계 천자들의 모든
장엄거리로는 미치지 못하나니, 보살마하살도 또한 그
와 같아서 보리심 큰 서원의 천관을 쓰면 모든 범부와
이승二乘의 공덕으로는 미치지 못합니다."

선남자　여사자왕　효후지시　사자아　문
善男子야 如獅子王이 哮吼之時에 獅子兒가 聞

개증용건　여수　문지　즉개찬복
하면 皆增勇健이어니와 餘獸가 聞之에 卽皆竄伏인달하야

불 사 자 왕 보 리 심 후   응 지 역 이   제 보 살   문
佛獅子王菩提心吼도 應知亦爾하야 諸菩薩이 聞

　　증 장 공 덕　　　유 소 득 자　 문 개 퇴 산
하면 增長功德이어니와 有所得者는 聞皆退散이니라

"선남자여, 사자왕이 부르짖을 때에 사자 새끼가 들
으면 용맹이 증장하지마는 다른 짐승이 듣고는 모두 숨
어 버리나니, 부처님 사자왕의 보리심의 부르짖음도 응
당 아십시오. 또한 그와 같아서 모든 보살들이 들으면
공덕이 증장하지마는 얻은 바 있는 이가 듣고는 흩어져
물러갑니다."

보살은 부처님 사자왕의 보리심 부르짖음을 듣고 공덕
이 증장하나 증장하는 바도 없고 얻어도 얻은 바가 없지만,
다른 성문이나 연각들은 얻은 바가 있고 증장한 바가 있어
서 부처님 사자왕의 보리심 부르짖음을 들으면 모두 놀라서
도망을 간다는 것이다.

　선 남 자　비 여 유 인　이 사 자 근　　이 위 악 현
善男子야 譬如有人이 以獅子筋으로 而爲樂絃

하면 其音既奏에 餘絃悉絶_{인달하야} 菩薩摩訶薩_도 亦

기음기주　여현실절　　　보살마하살　역

復如是_{하야} 以如來獅子波羅蜜身菩提心筋_{으로}

부여시　　　이 여 래 사 자 바 라 밀 신 보 리 심 근

爲法樂絃_{하면} 其音既奏_에 一切五欲_과 及以二乘

위법악현　　　기음기주　　　일체오욕　　　급이이승

의 諸功德絃_이 悉皆斷滅_{이니라}

제 공 덕 현　　　실 개 단 멸

"선남자여, 비유하면 마치 어떤 사람이 사자의 힘줄
로 거문고 줄을 만들어 타면 다른 악기의 줄들이 모두
끊어지나니, 보살마하살도 또한 그와 같아서 여래 사자
인 바라밀다 몸의 보리심 힘줄로 법의 풍류의 줄을 만
들어 타면 모든 다섯 욕심과 이승二乘의 모든 공덕 줄이
모두 끊어집니다."

善男子_야 譬如有人_이 以牛羊等種種諸乳_로 假

선 남 자　　　비여유인　　　이 우 양 등 종 종 제 유　　가

使積集_{하야} 盈於大海_{라도} 以獅子乳_로 一滴投中_{하면}

사 적 집　　　영 어 대 해　　　이 사 자 유　　　일 적 투 중

실령변괴 직과무애
悉令變壞_{하야} 直過無礙_{인달하야}

"선남자여, 비유하면 마치 사람이 소나 양 따위의 가지가지 젖을 모아서 가령 바다를 만들었더라도 사자의 젖 한 방울을 그 가운데 넣으면 모두 변하고 무너져서 걸림 없이 통과하게 됩니다."

보살마하살 역부여시 이여래사자보리
菩薩摩訶薩_도 亦復如是_{하야} 以如來獅子菩提

심유 착무량겁업번뇌유대해지중 실령괴
心乳_로 着無量劫業煩惱乳大海之中_{하면} 悉令壞

멸 직과무애 종부주어이승해탈
滅_{하야} 直過無礙_{하야} 終不住於二乘解脫_{이니라}

"보살마하살도 또한 그와 같아서 여래인 사자의 보리심 젖을 한량없는 겁부터 내려오는 업과 번뇌의 젖 바다에 넣으면 모두 다 두루 변하여서 걸림 없이 통과하고 마침내 이승의 해탈에 머물지 아니합니다."

⑦ 제7지七地의 덕

선남자 비여가릉빈가조 재난각중 유
善男子야 **譬如迦陵頻伽鳥**가 **在卵觳中**호대 **有**

대세력 일체제조 소불능급 보살마
大勢力하야 **一切諸鳥**의 **所不能及**인달하야 **菩薩摩**

하살 역부여시 어생사각 발보리심 소
訶薩도 **亦復如是**하야 **於生死觳**에 **發菩提心**한 **所**

유대비공덕세력 성문연각 무능급자
有大悲功德勢力을 **聲聞緣覺**이 **無能及者**니라

"선남자여, 비유하면 마치 가릉빈가迦陵頻伽새는 알 속
에 있을 적에도 큰 세력이 있어서 모든 다른 새들로는
미치지 못하나니, 보살마하살도 또한 그와 같아서 생사
의 껍질 속에서 보리심을 내면 크게 가엾이 여기는 공
덕의 세력을 성문이나 연각으로는 미치지 못합니다."

선남자 여금시조왕자 초시생시 목즉명
善男子야 **如金翅鳥王子**가 **初始生時**에 **目則明**

리 비즉경첩 일체제조 수구성장 무
利하고 **飛則勁捷**이라 **一切諸鳥**가 **雖久成長**이나 **無**

능급자　　　　보살마하살　　역부여시　　　발보
能及者인달하야 菩薩摩訶薩도 亦復如是하야 發菩

리심　　　위불왕자　　지혜청정　　　대비용맹
提心하야 爲佛王子하면 智慧淸淨하고 大悲勇猛하야

일체이승　　수백천겁　　구수도행　　　소불능급
一切二乘이 雖百千劫을 久修道行이라도 所不能及

이니라

"선남자여, 금시조왕의 새끼는 처음 날 때부터 눈이
밝고 나는 것도 억세어서 다른 모든 새들은 비록 아무
리 오랫동안 자랐더라도 미치지 못하나니, 보살마하살
도 또한 그와 같아서 보리심을 내어 부처님의 왕자가
되면 지혜가 청정하고 크게 가엾이 여김이 용맹하여 모
든 이승은 비록 백천겁 동안 도를 닦았더라도 미칠 수
없습니다."

선남자　　여유장부　　수집이모　　　자견밀갑
善男子야 如有壯夫가 手執利矛하고 刺堅密甲

직과무애　　　　　보살마하살　　역부여시　　　집
에 直過無礙인달하야 菩薩摩訶薩도 亦復如是하야 執

보 리 심 섬 리 쾌 모　　　　자 제 사 견 수 면 밀 갑　　실 능
菩提心銛利快矛하고　**刺諸邪見隨眠密甲**에　**悉能**

천 철　　　　무 유 장 애
穿徹하야　**無有障礙**니라

"선남자여, 어떤 장사가 손에 날카로운 창을 잡고 굳은 갑옷을 찌르면 걸림 없이 관통되나니, 보살마하살도 또한 그와 같아서 보리심의 날카로운 창을 잡고 삿된 소견과 번뇌[隨眠]의 갑옷을 찌르면 모두 뚫고 지나가서 걸림이 없습니다."

선 남 자　　비 여 마 하 나 가 대 력 용 사　　약 분 위 노
善男子야　**譬如摩訶那伽大力勇士**가　**若奮威怒**

　　어 기 액 상　　필 생 창 포　　　　창 약 미 합　　염 부
하면　**於其額上**에　**必生瘡疱**하나니　**瘡若未合**에　**閻浮**

제 중 일 체 인 민　　무 능 제 복
提中一切人民이　**無能制伏**인달하야

"선남자여, 비유하면 마치 마하나가摩訶那伽의 큰 힘 있는 용맹한 장사가 만약 성을 내면 그 이마에 반드시 부스럼이 생기며, 부스럼이 만약 아물기 전에는 염부제

의 모든 사람으로는 능히 제어하지 못합니다."

보살마하살   역부여시   약기대비   필
菩薩摩訶薩도 亦復如是하야 若起大悲하면 必

정발어보리지심   심미사래   일체세간   마
定發於菩提之心하나니 心未捨來에 一切世間의 魔

급마민   불능위해
及魔民이 不能爲害니라

"보살마하살도 또한 그와 같아서 만약 크게 가엾이
여기는 마음을 내면 반드시 보리심을 내고, 보리심을
버리기 전에는 모든 세간의 마魔와 마의 백성들이 해치
지 못합니다."

선남자   비여사사   유제제자   수미관습기
善男子야 譬如射師가 有諸弟子에 雖未慣習其

사기예   연기지혜방편선교   여일체인   소불
師技藝나 然其智慧方便善巧는 餘一切人의 所不

^{능 급}
能及_{인달하야}

"선남자여, 비유하면 마치 활 잘 쏘는 스승의 모든 제자들은 비록 그 스승처럼 기술을 익히지 못했더라도 그러나 그 지혜와 방편과 교묘함을 다른 사람들로는 미치지 못합니다."

^{보살마하살}　^{초시발심}　^{역부여시}　^{수미}
菩薩摩訶薩의 **初始發心**도 **亦復如是**하야 **雖未**

^{관습일체지행}　　^{연기소유원지해욕}　^{일체세}
慣習一切智行이나 **然其所有願智解欲**은 **一切世**

^{간범부이승}　^{실불능급}
間凡夫二乘이 **悉不能及**이니라

"보살마하살의 처음 발심함도 또한 그와 같아서 비록 모든 지혜와 행이 능숙하지는 못하였어도 그러나 그의 서원과 지혜와 욕망을 모든 세간의 범부나 이승二乘으로는 미치지 못합니다."

⑧ 제8지八地의 덕

선남자 여인 학사 선안기족 후습기
善男子야 **如人**이 **學射**에 **先安其足**하고 **後習其**

법 보살마하살 역부여시 욕학여래
法인달하야 **菩薩摩訶薩**도 **亦復如是**하야 **欲學如來**

일체지도 선당안주보리지심 연후수행일
一切智道인댄 **先當安住菩提之心**한 **然後修行一**

체 불법
切佛法이니라

"선남자여, 마치 사람이 활을 배울 적에 먼저 그 발
을 잘 안정시키고 뒤에 쏘는 법을 익히나니, 보살마하
살도 또한 그와 같아서 여래의 일체 지혜의 도를 배우
려면 먼저 보리심에 편안히 머무른 뒤에 모든 부처님
법을 닦아 행해야 합니다."

불교를 공부하여 궁극에 여래의 일체 지혜를 증득하려면
가장 먼저 발심發心을 해야 한다. 발심은 일체 불법의 근본이
되기 때문이다. 발심이란 보리심을 발한다는 뜻이다. 보리
심이란 또 불심佛心이며, 자비심이며, 남을 먼저 이롭게 하려
는 이타심이다. 그와 같은 마음이 먼저 준비되지 않고는 아

무리 수행을 한다 하더라도 그것은 모두 자기의 이익을 위한 욕심에 떨어지고 만다. 점검하고 또 점검할 일이다.

善男子야 譬如幻師가 將作幻事에 先當起意하야

憶持幻法한 然後所作이 悉得成就인달하야 菩薩摩

訶薩도 亦復如是하야 將起一切諸佛菩薩의 神通

幻事에 先當起意하야 發菩提心한 然後一切가 悉

得成就니라

"선남자여, 비유하면 마치 요술쟁이가 환술을 만들려면 먼저 마음을 내어 환술하는 법을 기억한 뒤에 환술을 만들어서 성취하나니, 보살마하살도 또한 그와 같아서 일체 모든 부처님과 보살들의 신통한 환술을 일으키려면 먼저 마땅히 뜻을 내어 보리심을 발한 뒤에야 모든 일이 성취됩니다."

일체 부처님과 보살들이 대자대비로 널리 중생들을 교화하는 일은 모두가 환술하는 사람이 환술을 만들어 내는 일이다. 그러나 그 또한 보리심이라는 근본 마음을 발한 뒤에야 중생 교화의 환술이 성취된다.

선남자 비여환술 무색현색 보살마
善男子야 譬如幻術이 無色現色인달하야 菩薩摩

하살 보리심상 역부여시 수무유색 불
訶薩의 菩提心相도 亦復如是하야 雖無有色하야 不

가도견 연능보어시방법계 시현종종공덕
可覩見이나 然能普於十方法界에 示現種種功德

장엄
莊嚴이니라

"선남자여, 비유하면 마치 환술이 물질이 없는 데서 물질을 나타내나니, 보살마하살의 보리심 모양도 또한 그와 같아서 비록 형상이 없어서 보지는 못하나 그러나 능히 시방 법계에서 갖가지 공덕 장엄을 널리 보입니다."

선남자 비여묘리 재견어서 서즉입혈
善男子야 譬如猫狸가 纔見於鼠에 鼠則入穴하야

불감부출   보살마하살   발보리심   역부
不敢復出인달하야 菩薩摩訶薩의 發菩提心도 亦復

여시   잠이혜안   관제혹업   개즉찬닉
如是하야 暫以慧眼으로 觀諸惑業에 皆卽竄匿하야

불부출생
不復出生이니라

"선남자여, 비유하면 마치 고양이가 잠깐만 쥐를 보
아도 쥐가 구멍에 들어가 나오지 못하나니, 보살마하살
의 보리심을 내는 것도 또한 그와 같아서 지혜의 눈으
로 번뇌와 업을 잠깐만 보아도 모두 숨어 버리고 다시
나오지 못합니다."

참으로 교묘한 비유다. 지혜의 눈으로 번뇌와 업을 잠깐
만 보아도 번뇌와 업은 모두 숨어 버리고 다시 나오지 못한
다. 진정한 지혜란 한번 번뇌와 업을 꿰뚫어 보고 나면 번뇌
와 업은 영원히 사라지고 만다.

善男子_야 譬如有人_이 着閻浮金莊嚴之具_에 映

蔽一切_{하야} 皆如聚墨_{인달하야} 菩薩摩訶薩_도 亦復

如是_{하야} 着菩提心莊嚴之具_에 映蔽一切凡夫二

乘_의 功德莊嚴_{하야} 悉無光色_{이니라}

"선남자여, 비유하면 마치 사람이 염부단금으로 만
든 장엄거리로 단장하면 모든 것을 가리어 버려 검은
먹 덩어리같이 되나니, 보살마하살도 또한 그와 같아서
보리심 장엄거리로 단장하면 모든 범부와 이승二乘의 공
덕 장엄을 가리어 버려 빛이 모두 없어집니다."

善男子_야 如好磁石少分之力_이 則能吸壞諸

鐵鉤鎖_{인달하야} 菩薩摩訶薩_의 發菩提心_도 亦復如

시 약기일념 실능괴멸일체견욕무명구
是하야 若起一念이면 悉能壞滅一切見欲無明鈎

쇄
鎖니라

"선남자여, 마치 좋은 자석은 조그만 힘으로도 모든 철로 된 사슬과 고리를 빨아들이나니, 보살마하살의 보리심을 내는 것도 또한 그와 같아서 만약 한 생각을 일으키면 모든 소견과 욕망과 무명의 사슬과 고리를 없애버립니다."

선남자 여유자석 철약견지 즉개산거
善男子야 如有磁石하니 鐵若見之면 卽皆散去

무유주자 보살마하살 발보리심 역
하야 無留住者인달하야 菩薩摩訶薩의 發菩提心도 亦

부여시 제업번뇌 이승해탈 약잠견지
復如是하야 諸業煩惱와 二乘解脫이 若暫見之면

즉개산멸 역무주자
卽皆散滅하야 亦無住者니라

"선남자여, 마치 자석을 철이 마주하면 곧 흩어지

고 남는 것이 없나니, 보살마하살의 보리심을 내는 것
도 또한 그와 같아서 모든 업과 번뇌와 이승의 해탈이
마주치면 모두 흩어져 없어지고 또한 남는 것이 없습
니다."

선남자
善男子야 **譬如有人**이 **善入大海**에 **一切水族**이

무 능 위 해   가 사 입 어 마 갈 어 구   역 불 위 피
無能爲害하며 **假使入於摩竭魚口**라도 **亦不爲彼**

지 소 탄 서
之所呑噬인달하야

"선남자여, 비유하면 마치 사람이 바다에 잘 들어가
는 이는 모든 물에 사는 족속이 해치지 못하며, 가령 고
래의 입에 들어가도 또한 씹히거나 삼켜지지 않습니다."

보 살 마 하 살   역 부 여 시   발 보 리 심   입
菩薩摩訶薩도 **亦復如是**하야 **發菩提心**하고 **入**

생 사 해　　제 업 번 뇌　　불 능 위 해　　가 사 입 어 성
生死海에 諸業煩惱가 不能爲害하며 假使入於聲

문 연 각　　실 제 법 중　　　역 불 위 기 지 소 류 난
聞緣覺의 實際法中이라도 亦不爲其之所留難이니라

"보살마하살도 또한 그와 같아서 보리심을 내고 생
사의 바다에 들어가면 모든 업과 번뇌가 해치지 못하
며, 가령 성문이나 연각의 실제법實際法 가운데 들어갈지
라도 또한 거기에 방해가 되지 않습니다."

보살이 보리심을 발한 뒤에는 비록 생사의 바다에 들어
가더라도 생사의 업과 번뇌가 해치지 못한다. 또 성문이나
연각이 증득한 진리에 들어갈지라도 그것의 방해를 입지 않
는다. 보살이 보리심을 발한 힘은 이와 같아서 그 무엇도 방
해할 수 없다.

선 남 자　　비 여 유 인　　음 감 로 장　　일 체 제 물
善男子야 譬如有人이 飮甘露漿에 一切諸物이

불능위해　　　　보살마하살　　역부여시　　음
不能爲害인달하야 **菩薩摩訶薩**도 **亦復如是**하야 **飮**

보리심감로법장　　불타성문벽지불지　　이구
菩提心甘露法漿에 **不墮聲聞辟支佛地**하나니 **以具**

광대비원력고
廣大悲願力故니라

　"선남자여, 비유하면 마치 사람이 감로의 장漿을 먹
으면 일체 모든 물건이 해치지 못하나니, 보살마하살도
또한 그와 같아서 보리심의 감로법의 장을 먹으면 성문
이나 벽지불의 지위에 떨어지지 않나니 광대한 자비와
서원의 힘이 있는 연고입니다."

　선남자　　비여유인　　득안선나약　　이도기
善男子야 **譬如有人**이 **得安繕那藥**하야 **以塗其**

목　수행인간　　인소불견　　　　보살마하살
目에 **雖行人間**이나 **人所不見**인달하야 **菩薩摩訶薩**도

역부여시　　득보리심안선나약　　능이방편
亦復如是하야 **得菩提心安繕那藥**에 **能以方便**으로

입 마 경 계　　일 체 중 마　　소 불 능 견
入魔境界호대 一切衆魔의 所不能見이니라

"선남자여, 비유하면 마치 사람이 안선나약을 얻어 눈에 바르면 인간에 다녀도 사람들이 보지 못하나니, 보살마하살도 또한 그와 같아서 보리심의 안선나약을 얻으면 능히 방편으로써 마摩의 경계에 들어가도 모든 마摩들이 보지 못합니다."

마군들이 그 높고 높은 보리심을 어찌 알 수 있겠는가. 진정으로 보리심을 발한 보살은 천신들도 모르고, 사람들도 모르고, 일체 성문이나 독각들도 모르는 경지이다.

선 남 자　　비 여 유 인　　의 부 어 왕　　불 외 여 인
善男子야 譬如有人이 依附於王에 不畏餘人인달

보 살 마 하 살　　역 부 여 시　　의 보 리 심 대 세 력
하야 菩薩摩訶薩도 亦復如是하야 依菩提心大勢力

왕　　불 외 장 개 악 도 지 난
王에 不畏障蓋惡道之難이니라

"선남자여, 비유하면 마치 사람이 왕에게 의지하면

다른 이를 두려워하지 않나니, 보살마하살도 또한 그와 같아서 보리심의 큰 세력 있는 왕에게 의지하면 장애와 나쁜 길의 험난함을 두려워하지 않습니다."

보리심을 발한 보살에게 무슨 두려움이 있겠는가. 어떤 장애도 어떤 악도도 모두가 보리심을 발한 보살의 놀이터이며 공원일 뿐이다.

선남자 비여유인 주어수중 불외화분
善男子야 **譬如有人**이 **住於水中**에 **不畏火焚**인달

보살마하살 역부여시 주보리심선근
하야 **菩薩摩訶薩**도 **亦復如是**하야 **住菩提心善根**

수중 불외이승 해탈지화
水中에 **不畏二乘**의 **解脫智火**니라

"선남자여, 비유하면 마치 사람이 물속에 있으면 불에 타는 것을 두려워하지 않나니, 보살마하살도 또한 그와 같아서 보리심의 착한 뿌리의 물속에 머물면 이승二乘 해탈의 지혜의 불을 두려워하지 않습니다."

선남자　　비여유인　　의의맹장　　즉불포외일
善男子야 譬如有人이 依倚猛將에 卽不怖畏一

체원적　　　　　보살마하살　　역부여시　　　의보
切怨敵인달하야 菩薩摩訶薩도 亦復如是하야 依菩

리심용맹대장　　불외일체악행원적
提心勇猛大將에 不畏一切惡行怨敵이니라

"선남자여, 비유하면 마치 사람이 용맹한 장군에게
의지하면 모든 원수와 적을 두려워하지 않나니, 보살
마하살도 또한 그와 같아서 보리심의 용맹한 장군에게
의지하면 모든 나쁜 행의 원수와 적을 두려워하지 않
습니다."

선남자　　여석천왕　　집금강저　　　최복일체
善男子야 如釋天王이 執金剛杵하고 摧伏一切

아수라중　　　　보살마하살　　역부여시　　지
阿修羅衆인달하야 菩薩摩訶薩도 亦復如是하야 持

보리심금강지저　　　최복일체제마외도
菩提心金剛之杵하고 摧伏一切諸魔外道니라

"선남자여, 제석천왕이 금강저金剛杵를 들면 모든 아

수라 무리를 굴복시키나니, 보살마하살도 또한 그와 같아서 보리심의 금강저를 들면 일체 모든 마와 외도를 굴복시킵니다."

⑨ 제9지九地의 덕

선남자야 비여유인이 복연영약에 장득충건하야
善男子야 譬如有人이 服延齡藥에 長得充健하야

불로불수인달하야 보살마하살도 역부여시하야 복
不老不瘦인달하야 菩薩摩訶薩도 亦復如是하야 服

보리심연영지약에 어무수겁에 수보살행호대 심
菩提心延齡之藥에 於無數劫에 修菩薩行호대 心

무피염하며 역무염착이니라
無疲厭하며 亦無染着이니라

"선남자여, 비유하면 마치 사람이 장수하는 약을 먹으면 길이 건강하여 늙지도 않고 여위지도 않나니, 보살마하살도 또한 그와 같아서 보리심의 장수하는 약을 먹으면 수없는 겁 동안 보살의 행을 닦아도 고달픈 마음도 없고 또한 물들어 집착하지도 않습니다."

善男子야 譬如有人이 調和藥汁에 必當先取好

淸淨水인달하야 菩薩摩訶薩도 亦復如是하야 欲修

菩薩一切行願인댄 先當發起菩提之心이니라

"선남자여, 비유하면 마치 사람이 약을 조화하려면 반드시 먼저 깨끗한 물을 가져야 하나니, 보살마하살도 또한 그와 같아서 보살의 모든 행과 원을 닦으려면 먼저 마땅히 보리심을 발기發起해야 합니다."

善男子야 如人이 護身에 先護命根인달하야 菩薩

摩訶薩도 亦復如是하야 護持佛法에 亦當先護菩

提之心이니라

"선남자여, 사람이 몸을 보호하려면 먼저 생명을 보호하나니, 보살마하살도 또한 그와 같아서 부처님 법을

보호하여 유지하려면 또한 마땅히 먼저 보리심을 보호
해야 합니다."

선남자   비여유인   명근약단   불능이익
善男子야 譬如有人이 命根若斷이면 不能利益

부모종친   보살마하살   역부여시   사
父母宗親인달하야 菩薩摩訶薩도 亦復如是하야 捨

보리심   불능이익일체중생   불능성취제
菩提心이면 不能利益一切衆生하며 不能成就諸

불공덕
佛功德이니라

"선남자여, 비유하면 마치 사람이 목숨이 만약 끊어
지면 부모와 친척을 이익하게 하지 못하나니, 보살마하
살도 또한 그와 같아서 보리심을 버리고는 모든 중생을
이익하게 하지 못하며 모든 부처님의 공덕을 성취하지
못합니다."

선남자 비여대해 무능괴자   보리심
善男子야 譬如大海를 無能壞者인달하야 菩提心

해   역부여시   제업번뇌 이승지심 소불
海도 亦復如是하야 諸業煩惱와 二乘之心이 所不

능괴
能壞니라

"선남자여, 비유하면 마치 큰 바다는 능히 무너뜨릴
수 없나니, 보리심의 바다도 또한 그와 같아서 모든 업
과 번뇌와 이승二乘의 마음으로는 능히 무너뜨릴 수 없
습니다."

누가 저 큰 바다를 무너뜨릴 수 있겠는가. 누가 저 보리
심을 무너뜨릴 수 있겠는가. 보리심은 높고 높은 수미산이
요, 넓고 넓은 태평양 바다다. 그 무엇으로도 무너뜨릴 수
없다.

선남자 비여일광 성수광명 불능영폐
善男子야 譬如日光을 星宿光明이 不能映蔽인달

하야 菩提心日도 亦復如是하야 一切二乘의 無漏智

光이 所不能蔽니라

"선남자여, 비유하면 마치 햇빛은 별의 빛으로는 가릴 수 없나니, 보리심 태양도 또한 그와 같아서 모든 이승의 샘이 없는 지혜의 빛으로는 능히 가릴 수 없습니다."

善男子야 如王子初生에 卽爲大臣之所尊重이니

以種性自在故인달하야 菩薩摩訶薩도 亦復如是하야

於佛法中發菩提心에 卽爲耆宿久修梵行한 聲聞

緣覺의 所共尊重이니 以大悲自在故니라

"선남자여, 왕자가 처음 태어나도 대신들이 존중함은 종성이 자재한 연고니, 보살마하살도 또한 그와 같아서 부처님 법 가운데 보리심을 발함에 곧 고승高僧과 범행梵行을 오래 닦은 성문이나 연각들이 함께 존중하는 바이니 크게 가엾이 여김이 자유자재한 연고입니다."

아무리 어린 사람이라 하더라도 진실로 보리심을 발하였다면 나이가 많은 큰스님이나 또는 성문이나 연각들도 높이 존중하게 된다. 불법에서는 나이가 많고 적음도 따지지 않고 구참久參이나 신학新學도 따지지 않고 오직 진정한 보리심을 발한 사람인가 아닌가를 중요하게 여길 뿐이기 때문이다.

善_선男_남子_자야 譬_비如_여王_왕子_자가 年_연雖_수幼_유稚_치나 一_일切_체大_대臣_신이 皆_개悉_실敬_경禮_례인달하야 菩_보薩_살摩_마訶_하薩_살도 亦_역復_부如_여是_시하야 雖_수 初_초發_발心_심하야 修_수菩_보薩_살行_행이나 二_이乘_승耆_기舊_구가 皆_개應_응敬_경禮_례니라

"선남자여, 비유하면 마치 왕자는 나이가 비록 어리더라도 모든 대신이 다 경례하나니, 보살마하살도 또한

그와 같아서 비록 처음으로 마음을 내어 보살의 행을
닦아도 이승二乘의 고승高僧들이 모두 경례합니다."

선남자   비여왕자   수어일체신좌지중   미
善男子야 譬如王子가 雖於一切臣佐之中에 未

득자재   이구왕상   불여일체제신좌등   이
得自在나 已具王相하야 不與一切諸臣佐等이니 以

생처존승고
生處尊勝故인달하야

"선남자여, 비유하면 마치 왕자가 비록 모든 신하들
가운데서 자유자재하지는 못하나 이미 왕의 모양을 갖
추었으므로 일체 모든 신하들과 평등하지 않으니 태어
난 바가 높은 연고입니다."

보살마하살   역부여시   수어일체업번뇌
菩薩摩訶薩도 亦復如是하야 雖於一切業煩惱

중   미득자재   연이구족보리지상   불여일
中에 未得自在나 然已具足菩提之相하야 不與一

체이승　　제등　　이종성제일고
切二乘으로 齊等이니 以種性第一故니라

"보살마하살도 또한 그와 같아서 비록 모든 업과 번
뇌 가운데서 아직 자재하지는 못하나 그러나 이미 보리
의 모양을 구족하여 모든 이승과는 같지 아니하니 종성
이 제일인 연고입니다."

선남자　비여청정마니묘보　　안유예고　　견
善男子야 譬如淸淨摩尼妙寶를 眼有翳故로 見

위부정　　　보살마하살　보리심보　역부여
爲不淨인달하야 菩薩摩訶薩의 菩提心寶도 亦復如

시　　무지　불신　　위위부정
是하야 無智는 不信하야 謂爲不淨이니라

"선남자여, 비유하면 마치 청정한 마니보배라도 눈
에 병이 있으면 부정한 줄로 보나니, 보살마하살의 보
리심 보배도 또한 그와 같아서 지혜가 없어 믿지 않으
면 깨끗하지 못하다고 합니다."

보리심이란 가장 우수한 마음이라서 비록 어떤 사람이

보리심을 발하였다 하더라도 그것을 알아볼 수 있는 높은 안목을 갖춘 사람이라야 그 마음을 안다. 마음이 부정한 사람들과 같이 있으면 비록 세상에서 가장 우수한 보리심을 발하였다 하더라도 그것을 알아보지 못한다. 그러나 설사 알아 주지 않는다고 해서 어찌 원망하거나 서운해하겠는가. 보살에게 그런 마음은 없다.

⑩ 제10지+地의 덕

선 남 자   비 여 유 약   위 주 소 지   약 유 중 생
善男子야 譬如有藥이 爲呪所持에 若有衆生이

견 문 동 주   일 체 제 병   개 득 소 멸
見聞同住하면 一切諸病이 皆得消滅인달하야

"선남자여, 비유하면 마치 어떤 약에 주문[呪]의 힘이 들어 있는 것을 만일 중생이 보고 듣고 함께 있으면 모든 병이 다 소멸됩니다."

보살마하살 보리심약 역부여시 일체
菩薩摩訶薩의 菩提心藥도 亦復如是하야 一切

선근 지혜방편 보살원지 공소섭지 약유
善根과 智慧方便과 菩薩願智의 共所攝持니 若有

중생 견문동주 억념지자 제번뇌병 실
衆生이 見聞同住하야 憶念之者면 諸煩惱病이 悉

득제멸
得除滅이니라

"보살마하살의 보리심 약도 또한 그와 같아서 모든
착한 뿌리와 지혜와 방편과 보살의 서원과 지혜가 함
께 들어 있으니, 만약 중생이 보고 듣고 함께 있으면서
생각하는 사람은 모든 번뇌의 병이 모두 소멸됩니다."

보리심에는 일체 선근과 지혜와 방편과 보살의 서원이 함
께 있어서 그 어떤 번뇌도 함께할 수 없다. 모두 다 저절로
사라지고 만다.

선남자 비여유인 상지감로 기신 필경
善男子야 譬如有人이 常持甘露에 其身이 畢竟

불변 불괴　　　　보살 마 하 살　　역 부 여 시　　　약
不變不壞인달하야 菩薩摩訶薩도 亦復如是하야 若

상 억 지 보 리 심 감 로　　　영 원 지 신　　　필 경 불 괴
常憶持菩提心甘露하면 令願智身으로 畢竟不壞니라

"선남자여, 비유하면 마치 사람이 항상 감로를 가지면 그 몸이 끝까지 변하지 않고 무너지지도 않나니, 보살마하살도 또한 그와 같아서 만약 보리심의 감로를 항상 생각해 가지면 서원과 지혜의 몸이 끝까지 무너지지 않습니다."

선 남 자　　여 기 관 목 인　　약 무 유 설　　　신 즉 이
善男子야 如機關木人이 若無有楔이면 身卽離

산　　불 능 운 동　　　보 살 마 하 살　　역 부 여 시
散하야 不能運動인달하야 菩薩摩訶薩도 亦復如是하야

무 보 리 심　　　행 즉 분 산　　　불 능 성 취 일 체 불 법
無菩提心이면 行卽分散하야 不能成就一切佛法
이니라

"선남자여, 마치 기계로 만든 사람이 만일 고동(장치)이 없으면 몸이 곧 흩어지고 운동하지 못하나니, 보살

마하살도 또한 그와 같아서 보리심이 없으면 수행이 곧 흩어져서 모든 불법을 성취하지 못합니다."

진정한 불법은 보리심으로 인하여 성립된다. 보리심이 근본이며 보리심이 중심이며 보리심이 씨앗이다. 그러므로 일체 불법은 보리심을 인하여 성립되고 보리심이 없으면 일체 불법은 무너지고 만다.

선남자 여전륜왕 유침향보 명왈상장
善男子야 如轉輪王이 有沈香寶하니 名曰象藏

약소차향 왕사종병 실등허공 보살
이라 若燒此香에 王四種兵이 悉騰虛空인달하야 菩薩

마하살 보리심향 역부여시 약발차의
摩訶薩의 菩提心香도 亦復如是하야 若發此意하면

즉령보살 일체선근 영출삼계 행여래지
卽令菩薩의 一切善根으로 永出三界하야 行如來智

무위공중
無爲空中이니라

"선남자여, 마치 전륜왕에게 침향 보배가 있는데 이

름이 '코끼리 갈무리[象藏]'입니다. 만약 이 향을 사르면 왕의 네 가지 군대가 허공으로 날아 올라가나니, 보살 마하살의 보리심 향도 또한 그와 같아서 만약 이 뜻을 내기만 하면 곧 보살의 모든 착한 뿌리가 삼계에서 영원히 벗어나 여래 지혜의 함이 없는 공중에 행합니다."

善男子야 譬如金剛이 唯從金剛處와 及金處生

이요 非餘寶處生인달하야 菩薩摩訶薩의 菩提心金

剛도 亦復如是하야 唯從大悲救護衆生金剛處와

一切智智殊勝境界金處而生이요 非餘衆生善根

處生이니라

"선남자여, 비유하면 마치 금강金剛은 다만 금강이 나는 곳과 금이 나는 곳에서만 나고 다른 보배가 나는 곳에서는 나지 않나니, 보살마하살의 보리심 금강도 또

한 그와 같아서 다만 큰 자비로 중생을 구호하는 금강
이 나는 곳이나 일체 지혜의 지혜인 수승한 경지의 금
이 나는 곳에서만 나고 다른 중생의 착한 뿌리에서는
나지 않습니다."

善男子_야 譬如有樹_{하니} 名曰無根_{이라} 不從根生

_{이로대} 而枝葉華果_가 悉皆繁茂_{인달하야} 菩薩摩訶薩

_의 菩提心樹_도 亦復如是_{하야} 無根可得_{이로대} 而能

長養一切智智神通大願_의 枝葉華果_{하야} 扶疎蔭

映_{하야} 普覆世間_{이니라}

"선남자여, 비유하면 무근無根이라는 나무가 있는데
뿌리에서 나지 않고도 가지와 잎과 꽃과 열매가 다 무
성하나니, 보살마하살의 보리심 나무도 또한 그와 같아
서 뿌리를 찾아볼 수 없으나 일체 지혜의 지혜와 신통

과 큰 원인 가지와 잎과 꽃과 열매를 기르며 무성한 그늘이 세계를 두루 덮습니다."

보리심은 본래로 보살의 지위를 다 갖추고 있다. 그래서 십신과 십주와 십행과 십회향과 십지 등의 지위에서 지니고 있는 공덕을 보리심 하나에 이미 다 갖추고 있음을 밝혔다.

〈5〉 보리심은 등각等覺의 덕을 갖추고 있다

선 남 자　비 여 금 강　비 열 악 기　급 이 파 기
善男子야 **譬如金剛**이 **非劣惡器**와 **及以破器**의

소 능 용 지　유 제 전 구 상 묘 지 기
所能容持요 **唯除全具上妙之器**인달하야

"선남자여, 비유하면 마치 금강은 다만 열악하거나 깨어진 그릇에는 능히 담을 수 없고 오직 온전하고 훌륭한 그릇에만 담을 수 있습니다."

보리심금강　　역부여시　　비하열중생　　간
菩提心金剛도 亦復如是하야 非下劣衆生의 慳

질 파 계 해 태 망 념 무 지 기 중　　소 능 용 지　　역 비 퇴
嫉破戒懈怠妄念無智器中에 所能容持며 亦非退

실 수 승 지 원　　산 란 악 각 중 생 기 중　　소 능 용 지
失殊勝志願한 散亂惡覺衆生器中에 所能容持요

유 제 보 살 심 심 보 기
唯除菩薩深心寶器니라

"보리심의 금강도 또한 그와 같아서 용렬한 중생의
간탐하고 질투하고 파계하고 게으르고 허망한 생각과
지혜 없는 그릇에는 담을 수 없고, 또한 훌륭한 서원에
서 물러나서 산란하고 나쁜 소견 가진 중생의 그릇에는
담을 수 없으나 다만 보살의 깊은 마음인 보배 그릇에
는 담을 수 있을 것입니다."

보리심이라는 귀중한 다이아몬드를 그릇에 담으려면 내
용물에 걸맞게 그릇도 훌륭해야 한다. 아무 그릇에나 담겨
지지 않는다. 보리심이라는 다이아몬드는 보살의 깊고 깊은
마음의 보배 그릇에라야 담을 수 있다.

선 남 자　비 여 금 강　능 천 중 보　　　보 리 심
善男子야 **譬如金剛**이 **能穿衆寶**인달하야 **菩提心**

금 강　　역 부 여 시　　　실 능 천 철 일 체 법 보
金剛도 **亦復如是**하야 **悉能穿徹一切法寶**니라

"선남자여, 비유하면 마치 금강이 온갖 보석을 깨뜨리듯이 보리심의 금강도 또한 그와 같아서 모든 법의 보석을 다 능히 깨뜨려 사무칩니다."

다이아몬드는 모든 다른 보석을 깎아서 다듬을 수 있으나 다른 일체 보석은 다이아몬드를 깎아서 다듬을 수 없다. 그와 같이 일체 법의 보석은 보리심으로 연마되고 수행되어 빛이 난다.

선 남 자　비 여 금 강　능 괴 중 산　　　보 리 심
善男子야 **譬如金剛**이 **能壞衆山**인달하야 **菩提心**

금 강　　역 부 여 시　　　실 능 최 괴 제 사 견 산
金剛도 **亦復如是**하야 **悉能摧壞諸邪見山**이니라

"선남자여, 비유하면 마치 금강이 온갖 산을 무너뜨리나니, 보리심의 금강도 또한 그와 같아서 모든 삿된

소견의 산들을 능히 무너뜨립니다."

　불법을 수행함에 있어서 그가 바른 견해를 가지고 수행하는지 삿된 견해를 가지고 수행하는지를 판가름하려면 보리심으로 점검해 보면 알 수 있다. 보리심이라는 점검의 무기로써 기준 삼아 살펴보면 바른 수행인지 아닌지를 분별할 수 있다.

　　　선 남 자　　비 여 금 강　　수 파 부 전　　　일 체 중 보
　　善男子야 譬如金剛이 雖破不全이나 一切衆寶가

유 불 능 급　　　　보 리 심 금 강　　역 부 여 시　　　수
猶不能及인달하야 菩提心金剛도 亦復如是하야 雖

부 지 열　　　소 유 휴 손　　　유 승 일 체 이 승 공 덕
復志劣하야 少有虧損이나 猶勝一切二乘功德이니라

　"선남자여, 비유하면 마치 금강이 비록 깨져서 온전하지 못하더라도 모든 보배가 오히려 능히 미치지 못하나니, 보리심 금강도 또한 그와 같아서 비록 뜻이 용렬하여 조금 모자라더라도 모든 이승二乘의 공덕보다는 오히려 수승합니다."

사람들 중에는 천성이 옹졸하고 마음이 소극적인 사람이 있다. 그렇더라도 성품이 선량하고 신심이 뛰어나서 보리심을 발한 사람들이 있다. 그런 사람들은 비록 천성이 옹졸하고 마음이 소극적이라 하더라도 보리심을 말미암아 모든 성문이나 연각들보다 그 공덕이 훨씬 수승하다.

선남자 비여금강 수유손결 유능제멸
善男子야 譬如金剛이 雖有損缺이나 猶能除滅

일체빈궁 보리심금강 역부여시 수
一切貧窮인달하야 菩提心金剛도 亦復如是하야 雖

유손결 부진제행 유능사리일체생사
有損缺하야 不進諸行이나 猶能捨離一切生死니라

"선남자여, 비유하면 마치 금강은 비록 손상되었어도 오히려 능히 모든 빈궁을 제멸하나니, 보리심 금강도 또한 그와 같아서 비록 손상되어 모든 행이 나아가지 못하더라도 오히려 능히 모든 생사를 떠나게 됩니다."

선남자 여소금강   실능파괴일체제물
善男子야 如少金剛이 悉能破壞一切諸物인달하야

보리심금강   역부여시   입소경계   즉파일
菩提心金剛도 亦復如是하야 入少境界에 卽破一

체 무 지 제 혹
切無知諸惑이니라

"선남자여, 조그마한 금강이라도 일체 모든 물건을
능히 깨뜨릴 수 있나니, 보리심 금강도 또한 그와 같아
서 조그마한 경계에 들어감에 일체 무지한 번뇌를 다
깨뜨립니다."

선남자 비여금강   비범인소득   보리
善男子야 譬如金剛이 非凡人所得인달하야 菩提

심금강   역부여시   비열의중생지소능득
心金剛도 亦復如是하야 非劣意衆生之所能得이니라

"선남자여, 비유하면 마치 금강은 보통 사람이 얻을
바가 아니듯이 보리심 금강도 또한 그와 같아서 뜻이
용렬한 중생으로는 능히 얻을 수 없습니다."

善男子야 譬如金剛이 不識寶人은 不知其能하며
선남자   비여금강   불식보인   부지기능

不得其用인달하야 菩提心金剛도 亦復如是하야 不
부득기용   보리심금강   역부여시   부

知法人은 不了其能하며 不得其用이니라
지법인   불료기능   부득기용

"선남자여, 비유하면 마치 금강을 보배로 알지 못하
는 사람은 그 공능도 모르고 그 작용도 얻지 못하나니,
보리심 금강도 또한 그와 같아서 법을 알지 못하는 사
람은 그 공능도 알지 못하고 작용도 얻지 못합니다."

善男子야 譬如金剛이 無能消滅인달하야 菩提心
선남자   비여금강   무능소멸   보리심

金剛도 亦復如是하야 一切諸法이 無能消滅이니라
금강   역부여시   일체제법   무능소멸

"선남자여, 비유하면 마치 금강은 소멸할 수 없듯이
보리심 금강도 또한 그와 같아서 일체 모든 법이 능히
소멸할 수 없습니다."

善男子_야 如金剛杵_가 諸大力人_은 皆不能持_요

唯除有大那羅延力_{인달하야} 菩提之心_도 亦復如是

_{하야} 一切二乘_은 皆不能持_요 唯除菩薩_의 廣大因

緣_과 堅固善力_{이니라}

"선남자여, 마치 금강저를 모든 기운 센 사람들이 능히 들지 못하거니와 오직 큰 나라연의 힘을 가진 이는 능히 들 수 있을 것이니, 보리심도 또한 그와 같아서 모든 이승二乘은 유지하지 못하거니와 오직 보살의 광대한 인연과 견고하고 착한 힘은 유지할 것입니다."

善男子_야 譬如金剛_을 一切諸物_은 無能壞者_요

而能普壞一切諸物_{이나} 然其體性_은 無所損減_{인달}

_{하야}

"선남자여, 비유하면 마치 금강을 일체 모든 물건으로 깨뜨릴 수 없으나 그러나 금강은 능히 모든 물건을 깨뜨리며 그래도 그 자체 성품은 손상되지 않습니다."

보리지심   역부여시   보어삼세무수겁중
菩提之心도 亦復如是하야 普於三世無數劫中

교화중생   수행고행   성문연각   소불능
에 敎化衆生하며 修行苦行하야 聲聞緣覺의 所不能

자   함능작지   연기필경   무유피염   역무
者를 咸能作之나 然其畢竟에 無有疲厭하며 亦無

손괴
損壞니라

"보리심도 또한 그와 같아서 널리 세 세상의 수없는 겁에 중생을 교화하고 고행을 닦아서 성문과 연각으로는 할 수 없는 것을 능히 하지마는 그러나 끝까지 고달픈 생각도 없고 또한 손상되지도 않습니다."

선남자　비여금강　여불능지　유금강지지
善男子야 譬如金剛이 餘不能持요 唯金剛地之

소능지　　보리지심　역부여시　　성문연
所能持인달하야 菩提之心도 亦復如是하야 聲聞緣

각　개불능지　유제취향살바야자
覺은 皆不能持요 唯除趣向薩婆若者니라

"선남자여, 비유하면 마치 금강은 다른 데서는 가지
지 못하고 오직 금강 땅에서만 가지나니, 보리심도 또
한 그와 같아서 성문이나 연각은 가지지 못하며 오직
일체 지혜로 나아가는 이는 가질 수 있을 것입니다."

선남자　여금강기　무유하결　용성어수
善男子야 如金剛器가 無有瑕缺하야 用盛於水에

영불삼루이입어지　　보리심금강기　역부
永不滲漏而入於地인달하야 菩提心金剛器도 亦復

여시　성선근수　영불삼루영입제취
如是하야 盛善根水에 永不滲漏令入諸趣니라

"선남자여, 금강 그릇은 흠이 없어서 물을 담으면 영
원히 새어서 땅에 들어가지 않나니, 보리심 금강 그릇

도 또한 그와 같아서 착한 뿌리의 물을 담으면 영원히
새어서 여러 길에 들어가지 않습니다."

보리심의 금강 그릇에 선근의 물을 담으면 그 선근은 영
원히 새지 아니하고 지옥이나 아귀나 축생이나 아수라 등의
나쁜 갈래에 절대로 들어가지 않는다. 그러나 만약 보리심
이 없이 선근의 물을 담았다면 근본이 튼튼하지 않기 때문
에 그 선근은 언젠가는 다 새어 나가 버린다. 보리심의 금강
그릇은 이와 같다.

선남자야 여금강제가 능지대지하야 불령추몰
善男子야 如金剛際가 能持大地하야 不令墜沒

보리지심도 역부여시하야 능지보살의 일체
인달하야 菩提之心도 亦復如是하야 能持菩薩의 一切

행원하야 불령추몰입어삼계니라
行願하야 不令墜沒入於三界니라

"선남자여, 금강 둘레[金剛際]는 능히 땅을 유지하여
떨어지지 않게 하나니, 보리심도 또한 그와 같아서 능

히 보살의 모든 행과 원을 유지하여 떨어져서 세 세계
에 들어가지 않게 합니다."

善男子_야 譬如金剛_이 久處水中_{호대} 不爛不濕

인달하야 菩提之心_도 亦復如是_{하야} 於一切劫_을 處

在生死業惑水中_{호대} 無壞無變_{이니라}

"선남자여, 비유하면 마치 금강은 물속에 오래 있어
도 흐물거리지도 않고 젖지도 않나니, 보리심도 또한
그와 같아서 모든 겁 동안을 생사의 업과 번뇌의 물속
에 있어도 무너지지도 않고 변하지도 않습니다."

善男子_야 譬如金剛_이 一切諸火_가 不能燒然_{하며}

不能令熱_{인달하야} 菩提之心_도 亦復如是_{하야} 一切

생사제번뇌화　　불능소연　　불능영열
生死諸煩惱火가 不能燒然하며 不能令熱이니라

"선남자여, 비유하면 마치 금강은 일체 모든 불이 태우지도 못하고 뜨겁게 하지도 못하나니, 보리심도 또한 그와 같아서 일체 생사의 모든 번뇌 불이 태우지도 못하고 뜨겁게 하지도 못합니다."

보리심은 그 어떤 죽고 사는 번뇌의 뜨거운 불길도 어찌하지 못한다. 생사의 번뇌 불길이 보리심을 태우거나 뜨겁게 한다면 어찌 보리심이라 하겠는가.

선남자　　비여삼천세계지중금강좌상　　능
善男子야 譬如三千世界之中金剛座上에 能

지제불　좌어도량　　항복제마　　성등정각
持諸佛이 坐於道場하사 降伏諸魔하야 成等正覺이요

비시여좌지소능지
非是餘座之所能持인달하야

"선남자여, 비유하면 마치 삼천대천세계 중에서 금

강 자리만이 능히 모든 부처님께서 도량에 앉아서 모든
마군을 항복받고 등정각을 이루는 일을 유지함이요, 다
른 자리로는 능히 유지할 수 없습니다."

보리심좌　　역부여시　　능지보살　　일체원
菩提心座도 **亦復如是**하야 **能持菩薩**의 **一切願**

행　　제바라밀　　제인제지　　회향수기　　수집보
行과 **諸波羅蜜**과 **諸忍諸地**와 **廻向受記**와 **修集菩**

리조도지법　　공양제불　　문법수행　　일체여
提助道之法과 **供養諸佛**과 **聞法受行**이요 **一切餘**

심　　소불능지
心의 **所不能持**니라

"보리심 자리도 또한 그와 같아서 모든 보살의 원과
행과 바라밀다와 여러 지혜[忍]와 여러 지위와 회향하고
수기를 주고 보리의 도를 돕는 법을 닦아 익히며, 모든
부처님께 공양하고 법을 듣고 받들어 행하는 일을 능히
유지하는 것이요, 일체 다른 마음으로는 유지하지 못합
니다."

5〉 보리심의 덕을 해석함을 맺다

선남자 보리심자 성취여시무량무변 내
善男子야 **菩提心者**는 **成就如是無量無邊**과 **乃**

지불가설불가설수승공덕 약유중생 발아
至不可說不可說殊勝功德이니 **若有衆生**이 **發阿**

뇩다라삼먁삼보리심 즉획여시승공덕법
耨多羅三藐三菩提心이면 **則獲如是勝功德法**하리라

"선남자여, 보리심은 이와 같이 한량없고 그지없고
말할 수 없이 말할 수 없는 수승한 공덕을 성취하나니,
만약 중생이 아뇩다라삼먁삼보리심을 발하면 곧 이와
같은 수승한 공덕의 법을 얻습니다."

시고 선남자 여획선리 여발아뇩다라삼
是故로 **善男子**야 **汝獲善利**니 **汝發阿耨多羅三**

먁삼보리심 구보살행 이득여시대공덕고
藐三菩提心하고 **求菩薩行**하야 **已得如是大功德故**니라

"그러므로 선남자여, 그대는 좋은 이익을 얻었으니,
그대는 아뇩다라삼먁삼보리심을 발하여 보살의 행을 구
하여 이미 이와 같은 큰 공덕을 얻은 연고입니다."

보리심은 이와 같이 한량없고 그지없고 말할 수 없이 말할 수 없는 수승한 공덕을 성취한다. 다만 선재동자뿐만 아니라 누구라도 보리심을 발하면 이와 같은 큰 공덕을 얻게 된다. 보리심은 수많은 공덕과 수많은 지위를 다 갖추고 있어서 십신과 십주와 십행과 십회향과 십지와 등각 등 온갖 수행의 지위 점차의 내용들을 다 갖추고 있음을 자세히 밝혔다.

6〉 누각에 들어가기를 지시하다

선 남 자   여 여 소 문   보 살   운 하 학 보 살 행
善男子야 **如汝所問**하야 **菩薩**이 **云何學菩薩行**

　　　수 보 살 도   선 남 자   여 가 입 차 비 로 자 나
이면 **修菩薩道**오하니 **善男子**야 **汝可入此毘盧遮那**

장 엄 장 대 누 각 중   주 변 관 찰   즉 능 요 지 학
莊嚴藏大樓閣中하야 **周徧觀察**하면 **則能了知學**

보 살 행   학 이   성 취 무 량 공 덕
菩薩行이며 **學已**에 **成就無量功德**하리라

"선남자여, 그대가 묻기를 보살이 어떻게 보살의 행을 배우며 보살의 도를 닦느냐고 하니, 선남자여, 그대

는 이 비로자나장엄장 큰 누각에 들어가서 두루 관찰하십시오. 그러면 곧 보살의 행을 배우는 일을 알게 될 것이며, 배우고 나면 한량없는 공덕을 성취할 것입니다."

미륵보살은 이제야 비로소 선재동자에게 비로자나장엄장 큰 누각에 들어가서 두루 관찰하기를 지시한다. 누각에 들어가면 곧 보살의 행을 배우는 일을 알게 될 것이며, 보살의 행을 배우고 나면 한량없는 공덕을 성취할 것이라고 밝혔다.

입법계품 19 끝

〈제78권 끝〉

華嚴經 構成表

分次	周次		內容	品數	會
舉果勸樂生信分 (信)	所信因果周		如來依正	世主妙嚴品 第一 如來現相品 第二 普賢三昧品 第三 世界成就品 第四 華藏世界品 第五 毘盧遮那品 第六	初
修因契果生解分 (解)	差別因果周	差別因	十信	如來名號品 第七 四聖諦品 第八 光明覺品 第九 菩薩問明品 第十 淨行品 第十一 賢首品 第十二	二
			十住	昇須彌山頂品 第十三 須彌頂上偈讚品 第十四 十住品 第十五 梵行品 第十六 初發心功德品 第十七 明法品 第十八	三
			十行	昇夜摩天宮品 第十九 夜摩天宮偈讚品 第二十 十行品 第二十一 十無盡藏品 第二十二	四
			十廻向	昇兜率天宮品 第二十三 兜率宮中偈讚品 第二十四 十廻向品 第二十五	五
			十地	十地品 第二十六	六
			等覺	十定品 第二十七 十通品 第二十八 十忍品 第二十九 阿僧祇品 第三十 如來壽量品 第三十一 菩薩住處品 第三十二	七
		差別果	妙覺	佛不思議法品 第三十三 如來十身相海品 第三十四 如來隨好光明功德品 第三十五	
	平等因果周	平等因		普賢行品 第三十六	
		平等果		如來出現品 第三十七	
托法進修成行分 (行)	成行因果周		二千行門	離世間品 第三十八	八
依人證入成德分 (證)	證入因果周		證果法門	入法界品 第三十九	九

會場	放光別	會主	入定別	說法別舉
提場	遮那放齒光眉間光	普賢菩薩爲會主	入毘盧藏身三昧	如來依正法
七明殿	世尊放兩足輪光	文殊菩薩爲會主	此會不入定． 信未入位故	十信法
利天宮	世尊放兩足指光	法慧菩薩爲會主	入無量方便三昧	十住法門
摩天宮	如來放兩足趺光	功德林菩薩爲會主	入菩薩善思惟三昧	十行法門
率天宮	如來放兩膝輪光	金剛幢菩薩爲會主	入菩薩智光三昧	十廻向法門
化天宮	如來放眉間毫相光	金剛藏菩薩爲會主	入菩薩大智慧光明三昧	十地法門
普光明殿	如來放眉間口光	如來爲會主	入刹那際三昧	等妙覺法門
普光明殿	此會佛不放光． 表行依解法依光故	普賢菩薩爲會主	入佛華莊嚴三昧	二千行門
逝園林	放眉間白毫光	如來善友爲會主	入獅子頻申三昧	果法門

如天 無比

1943년 영덕에서 출생하였다. 1958년 출가하여 덕흥사, 불국사, 범어사를 거쳐 1964년 해인사 강원을 졸업하고 동국역경연수원에서 수학하였다. 10여 년 선원생활을 하고 1976년 탄허스님에게 화엄경을 수학하고 전법, 이후 통도사 강주, 범어사 강주, 은해사 승가대학원장, 대한불교조계종 교육원장, 동국역경원장, 동화사 한문불전승가대학원장 등을 역임하였다. 2018년 5월에는 수행력과 지도력을 갖춘 승랍 40년 이상 되는 스님에게 품서되는 대종사 법계를 받았다.

현재 부산 문수선원 문수경전연구회에서 150여 명의 스님과 300여 명의 재가 신도들에게 화엄경을 강의하고 있으며 또한 다음 카페 '염화실 (http://cafe.daum.net/yumhwasil)'을 통해 '모든 사람을 부처님으로 받들어 섬김으로써 이 땅에 평화와 행복을 가져오게 한다.'는 인불사상(人佛思想)을 펼치고 있다.

저서로『무비스님의 유마경 강설』(전 3권), 『대방광불화엄경 실마리』, 『무비스님의 왕복서 강설』, 『무비스님이 가려 쓴 김시습의 법성게 선해』, 『법화경 법문』, 『신금강경 강의』, 『직지 강설』(전 2권), 『법화경 강의』(전 2권), 『신심명 강의』, 『임제록 강설』, 『대승찬 강설』, 『당신은 부처님』, 『사람이 부처님이다』, 『이것이 간화선이다』, 『무비 스님과 함께하는 불교공부』, 『무비 스님의 증도가 강의』, 『일곱 번의 작별인사』, 무비 스님이 가려 뽑은 명구 100선 시리즈 (전 4권) 등이 있고 편찬하고 번역한 책으로『화엄경(한글)』(전 10권), 『화엄경(한문)』(전 4권), 『금강경 오가해』 등이 있다.

대방광불화엄경 강설 제78권

| 초판 1쇄 발행_ 2018년 1월 10일
| 초판 2쇄 발행_ 2020년 8월 19일

| 지은이_ 여천 무비(如天 無比)
| 펴낸이_ 오세룡
| 편집_ 박성화 손미숙 김정은 김영미
| 기획_ 최은영 곽은영
| 디자인_ 고혜정 김효선 장혜정
| 홍보 마케팅_ 이주하
| 펴낸곳_ 담앤북스
      서울특별시 종로구 새문안로3길 23 경희궁의 아침 4단지 805호
      대표전화 02)765-1251 전송 02)764-1251 전자우편 damnbooks@hanmail.net
      출판등록 제300-2011-115호
| ISBN 979-11-6201-023-5 04220

정가 14,000원